大展好書　好書大展

大展好書 好書大展

實用心理學講座

21

語言的內心玄機

多湖輝／著
楊鴻儒／譯

大展出版社有限公司

前　言

我到美國研究社會心理學、兒童心理學已將近一年了。身為佬外，倍感心力交瘁的要屬語言問題。當初以為只要三個月的時間，應該就能對答如流，豈料，語言問題反而有增無減，就連作夢也不敢奢望能流利對話。

佬外對語言問題之所以感到煩憂，首先是由於詞彙的認識不足，即對單字的理解力不夠。初期，我也是很努力的想理解對方的話意，經常苦苦思索如何用英語表達某些字眼。如此經過二、三個月後，即使對方的說話速度快了些，我也能意會；並且自然而然的以英語表達。然而，這並不代表我已無語言上的障礙；相反的，我認為把自己的意思傳達給對方，是件非常困難的事。關鍵不在需以英語對話而感到辛勞，而是語言本質的問題。

原來，所謂語言是存在人與人之間，肉體上或精神上互相溝通的一種符號。不過，這種符號並不完整，為達到更好的溝通，應該再加上一些能造成傳送者和接受者之間，心理上相互交流的事物。總而言之，語言的溝通使用，心理的臆測往往會造成很大的差異。

常聽說語言是活的。直到我撰寫此書，才真實的感受到語言具有有機物的機能，因而為此感歎不已。由於語言的使用方法不同，對當事者所帶來的效果，可能有很大的差距。但如希特勒煽動群衆的演說天才，又另當別論。

通常，我們會因不能隨心所欲的言語，而感到焦急；為了謀求更好的溝通，這本從心理學習語言力量的技術，可說是既實際又獨特的一本書。

目錄

第二章　左右人類情感的作戰法

第三章　不讓他人說「不」的作戰法

第四章　讓人感到親切的作戰法

第五章　能使人奮發的作戰法

第六章　與人議論得勝的作戰法

第七章　使對方判斷錯誤的作戰法

第八章　擊退討厭對象的作戰法

第一章

給予他人深刻的印象的戰術

1「瞬間的沈默」是吸引聽衆注意力的有效手段

欲以語言打動對方時，首先必須喚起對方的注意，把自己深烙在對方的印象中。

日本大正年間（1912～1926），有位獨腳、雄辯的政治家永井柳太郎。當他站上講台面對吵雜的聽衆時，一開始總是以低沈的聲音演說，以吸引聽衆的注意力；等到會場逐漸安靜下來，才正式進入演說主題。這是他獨特的演講術，正是「沈默效用」的應用。

演講也好，授課也罷，在場的聽衆都是為了聆聽前來；基本上大家都有一種心理，認為演講者只要往台上一站，即應開始演說，且大家都能聽得很清楚。如果演講者的態度超乎常情，便會引起聽衆的注意。所謂沈默就是指這種形成意外效果的有力武器而言。

日本大正、昭和年間，被稱為神，著有『善之研究』的哲學青年西田幾多郎，就是善用這種武器的佼佼者。每當他踏上講台，總是默默的站上幾分鐘，待學生保持肅靜後，才懇切的娓娓述說西田哲學的精髓。

第六代歌舞技藝演員尾上菊五郎，收集有關演藝的一本書『藝』。以心理學者的立場來看，這書頗富趣味。茲將其中有關「沈默的效用」說明，摘述如下。第九代的市川團十郎在『忠臣藏』

一劇，扮演斧定九郎的角色。

劇中，定九郎為了謀奪錢包，將一兵衛給殺了。在未打開錢包以前，揣測裡面金額究竟有多少一景。團十郎喃喃低語「……四十五兩、四十六兩、四十七兩、四十八兩、四十九兩」，此時觀衆屏氣凝神，全場靜得可以聽見針落聲。當團十郎脫口說出「五十兩」，頓時，觀衆都被那股魄力給震住了。

據團十郎說：「一下子就說出五十兩，小判（日本古代金幣名）也就跟著話飛掉了，觀衆根本不會在意。」

在日常對話中或演講時，「沈默的效用」值得多多利用。

2 低沈穩重的聲音，比大嗓門或滔滔不絕更能令對方留下印象

聖經上說：「安穩的回答會排除怒氣。」若從心理學的角度來闡明，相當於凱尼約大學語言研究班和美國海軍的共同研究。他們以電話和船內傳音設備為實驗，分別以高低不同的聲音作各類簡單的詢問，以研究最適合於下達命令的音階，其結果顯示，作答者的音調往往隨問話者的聲音變化而變化，亦即大聲詢問便大聲回答。

話說聽筒那端的受播者容易受傳播者的影響，反之，受播者的反應也會給傳播者帶來影響。以我的經驗，即使傳播者態度強硬或語氣興奮，如果受播者能以緩和的語氣回答，談話便能順利進行。

受播者一開始的緩和態度，已制對方的機先，掌握住談話步調。如果傳播者一開始以高八音的音調說話，受播者也不甘示弱的反擊，只會落入傳播者的步調。

耶魯大學心理學家卡爾•埃•雷布朗，調查學生聽講義理解力的結果證明，緩和的說話語氣，要比大嗓門或脅迫的言辭更容易收到學習效果。

此外，日本NHK廣播電台，以主持「午安太太」等節目而聞名的播音員鈴木健二先生，在其著作『用心來談』一書中，以20年的體驗作如下的表示：

『欲傳達自己的觀點或意思給對方時，和對方保持30～50公分的視距，而且以平常的一半音量談話，效果最好。』

這種「一半音量」，對於上述語氣興奮的傳播者，尤其更見效果。談話中，當對方的談話告一個段落，先理出頭緒，然後降低音調談話是必要的。倘若不等對方停止談話即插嘴，儘管一開始是以溫和的語調說話，終究會成為聲音的競賽。

其次，這種方法還有另一種效果，即發訊者可支配受訊者的積極性效用。因為以一半音量說話，對方若不專心聽，將聽不清楚；無形之中便促使對方專注的傾聽談話內容。

3 否定的態度更能傳達強而肯定的意思

在心理學上有所謂「意識化的法則」，也就是當人們對某事物的意識，在遭到抑制或否定的時候，才能明確的表示出來。下面即是把「意識化的法則」應用到廣告的例子。

曾經有個電視節目「希區考克劇場」，在正式進入劇情前的片頭，以幽默見稱的希區考克現身作了以下的開場白：「……在這裡，說句毫不誇張的話，這是廣告商對那些以漫不經心的態度看廣告的觀衆，所提出的告誡。許多觀衆在廣告放映時，老想其他的事；更有甚者，索性閉目養神。但是，即使廣告毫無內容可言，也不妨以快樂的心去觀看。所謂電視的行為，就是這麼一回事……。」

語畢，便開始放映廣告片了。這正是以否定廣告的態度，引起觀衆的廣告意識。

閣下是否了解「反轉圖形」？例如，以黑底襯置雪白的獎牌；當認真凝視時，既可看出獎牌，也可看出二人相對的容貌。這時，我們看到的並非事物的本體，而是事物與背景的關係；也可說是陽化和陰化的關係。

同理，就語言學而言，首先提出否定反而會強化肯定意味，給人深刻的印象。此原則可運用在各方面。

就在我身旁，也曾發生過類似的事件。有個女學生長年的努力只為升學考，放榜當天，她從外頭打電話回家：

「媽，不好了！」

「怎麼，沒考上？」

「唉！考上了。」

瞬間，母親有被騙的感覺非常生氣，繼而轉怒為喜成為永不抹滅的回憶。

4 切中心意的短短數句，更能感動他人

當你寄出有所請求的信給朋友，朋友明信片回函上只有一句「好啊」，此時的你一定會很驚喜，並且馬上想到這傢伙；不僅內心感到十分舒爽，同時，對方已強烙在心上了。

以上絕非是我一廂情願的想法，而是日本生活作文運動的先驅者，上田庄三郎給朋友的實際回函。上田庄三郎是日本作文教育確立者今井譽次郎的前輩，他完全了解簡潔有力的話所具備的效力。

俗語說：「寸鐵刺人。」的確，為引起他人的共鳴，長篇大論還不如切中心意的短短數句，更能發揮加倍效果。

德川家康的家臣，本多作左衛門寄給家鄉妻子的信函，寫著「敬啟者。小心火。不要使阿仙哭泣。馬養肥。」據說是後人所寫的，不過真偽已無從考據。探討何以此信能流傳久遠，乃是因其內容極短，且能該說的都說出，其巧妙之處緊緊扣住人心不放的結果。

另外有個聞名的故事。法國大文豪雨果向出版社詢問著作的銷售情況，只畫個「？」，而出版社的回函上，也只有一個符號「！」。真不失為幽默國家的風格。然而，短箋未必能引起共鳴

切中心意的短短數句，能引起共鳴。

，因為在短短數語中，必須包含所有的感情。首先，必須依自己的意思來寫，切忌抄襲，再將介係詞、副詞、形容詞、助詞等排除，最後，過濾其餘部份是否能以更精簡的語句代替；如此才能產生感動他人的詞句。

5 轉換語言的順序可加強印象

英國文豪蕭伯納留有不少極富機智的名言。曾有位女明星對他十分著迷，這位女明星以美貌出名，演技倒不怎麼樣，只要被她看上的獵物，無一不臣服她的石榴裙下。因此，她以非常自信且慣用的語言，想打動蕭伯納的心。

「以閣下的才幹加上我的美貌，相信生下來的孩子，將是非常了不起。」

蕭伯納立即回以顏色。

「那麼，萬一是繼承你的才幹和我的容貌，那又怎麼辦？」

女明星啞口無言的看著蕭伯納，二話不說轉頭便走。蕭伯納以其與生俱來的機智，轉換語言的順序，制人機先，終於制服這位傲慢的女明星。

水平思考的提倡者愛德華・第波諾，以「上意識的逆轉相關事物」作為新鮮構思創造法。然而，蕭伯納卻早在第波諾以前便實現水平思考。

新聞從業人員中，流行這麼一句話：「狗咬人不是新聞，人咬狗才是新聞。」一句到處可聽到的話，卻由於人、狗主詞和受詞的互換，經由人性的好奇心，而成為極有價值的一句話。這種因語言順序的逆轉，而帶來新鮮衝擊的意外效果，其應用如下。

對於說上千百遍「我愛你」也無動於衷的情人，如果改以「你愛我」的攻擊戰術，又將會有什麼結果？

她可能會由於主詞和關係受詞的易位而感到意外，留下鮮明的印象；至少也會說：「你這人真是肉麻加有趣！」

日常生活中的老生常談，不妨把單字的順序加以變化，也許更能使對方留下深刻的印象。

6欲引人深思的話，放在文章末尾效果最好

有些人可能和我一樣有這種經驗，臨出門前，總會和太太說上一段話。

「氣象報告說今天會下雨，帶把傘去吧！」

「咦！現在天氣明明很好，那裡會下雨？」

「我不大淸楚，反正會下雨就是了。」

通常很不情願的把傘帶出門，卻總在數小時後要向太太說謝謝。探討問題所在，可能由於天氣預報的方法，通常天氣預報總以「……可能會下雨」，而不作「可能下雨的地方是……」的方式報導。

在匆匆忙忙的晨間，當太太聽到「○○地方、××地方，可能會下雨。」下意識的注意「○○地方」，再加上一句「可能會下雨。」更加深她的印象。

同樣的報導方式，在戰爭時通知配給品的無線電廣播也曾有過。例如：「砂糖的配給是○○地區、××地區、△△地區……」，這種廣播方式不宜，應改成「○○地區、××地區、△△地區……，有砂糖的配給。」這是考慮到若以前者說法，只會注意到自己居住地區的名稱，至於配

圖放在文章結尾的話，印象深刻。

給什麼，可能就毫無印象。

僅僅變換語言的順序，便能對傳達的效果產生極大的差距，是由於將動詞及其他述語放在文章末尾所致。

因此，在公開場合演說時，以「我們要求……和……和……。」這種主要和附屬子句互換的文字結構，其羅列項目往往容易被忽視，發生不認同的情況。

7 使他人對自己留下印象的慣用語

「I am her husband.」（我是她先生。）

這是美國故總統甘迺迪陪伴他美麗的夫人賈桂琳出席宴會，自我介紹時必說的開場白。甘迺迪以這種方式做自我介紹，無非希望打破總統和一般人之間的界限，從而建立親密關係。

產品有商標，人也有標幟，並非不可思議的事。為了建立個人風格，使自己能深入他人的印象中，以「口頭禪」作為語言的標幟，是有其效果的。人們只要聽到口頭禪，便會聯想到你，進而產生親密的感覺。

亦即你已被他人貼上辨識的標幟，以便於和他人區別。但由於其中包含他人的意志在內，因此其脫離個體而游離在外的危險性很大。容易在你看不見的地方，或將厭惡你的印象四處散佈，因而造成他人對你的誤解或中傷。

因此，樹立完全屬於個人的語言標幟，絲毫不為他人的意志所影響，對於促使他人加深對自己的印象，是最簡便的方法。

「with pleasure」（很樂意），是美國前總統羅斯福的語言標幟。每當他以獨特的聲音表達這句話時，人們都興奮的不斷鼓掌以示歡迎。

最近，廣島歌手吉田拓郎頗受日本年輕人歡迎。他常以廣島方言與人交談，歌迷們不但不以為意，反而更加喜歡他。這正是他使用下意識的母語為其表達標幟，不僅給人特別的印象，也引起歌迷們的好感。

在企業的銷售宣傳戰上，諸如此類的用語是不可或缺的。聞名全球的ＩＢＭ電子計算機，便是以「think」引起大衆注目。這個廣告術語為無生命的產品注入生命力，比其他廣告都能提升對ＩＢＭ的印象。甚至連ＩＢＭ企業集團，也流行以「sink」的反諷說法，來代替「think」一詞。

因此可知，當建立語言標幟時，便要注意選定富有幽默，屬於自己的風格才行。否則，好不容易建立起的標幟，一旦被運用成反義詞，反會導致形象的惡化。

8 若能給對方貼上「標幟」，可加強對對方的印象

不管是耳聞或目見，我們對「事物」的認識，可說是界於確定和不確定之間的模糊狀態。除了以自己的判斷力來塑造印象之外，也經由他人的見解來證實。

曾經，我做過這樣的實驗。

一幅看起來既像時鐘又像螃蟹的抽象畫，分別讓二組人員去觀察，然後要他們說出究竟看到的是什麼。

在此之前，對第一組人員強調：「現在我們要看一幅時鐘畫。」而對第二組人員說：「現在我們要看一幅螃蟹畫。」

實驗的結果，第一組的全部組員都說看到了時鐘，第二組員卻說是螃蟹。

這就是「印記效果」，亦即對事物蓋上認定的印記，以建立強化印象的作用。實驗中的「時鐘」和「螃蟹」，即所謂的印記。

對於持有革新性意見的人，蓋上「他會紅」的印記而打倒政敵，往往就是運用語言標幟效果的典型例。同樣的，對於公司競爭者中，那些喜歡拈花惹草的人蓋上「生活荒唐」的印記，也很

「標幟」，具有強化印象的效果。

可能把對方從競爭中拉下來。

特別要注意的是，經由他人爲自己貼上標幟，造成他人對自己印象形成的影響。

尤其在大衆傳播非常發達的今天，透過報紙、電視等媒介設定的標幟多不勝舉，為了不被標幟所限制，更應多方了解，擴展視野。

9 人們對談話內容不及對音調的印象深刻

這是發生在名古屋舞台上，一位歌舞演員的親身經歷。

在表演進行中觀衆席不斷傳來「白蘿蔔、白蘿蔔」的喊叫聲，這位演員立即回答：「白蘿蔔說的是誰啊？」

觀衆席中立刻傳來不甘示弱的回話：「是說我自己啊！」

藝人又馬上反擊：「還好，我以為是說我自己啊！」

他的言行舉止引起哄堂大笑，就在一搭一唱中將話題帶過去，全場都為他鼓掌叫好。這位藝人不但從白蘿蔔演員這種莫須有的污名逃脫，更成為名古屋最受歡迎的藝人。

話術專家德川夢聲在其著作『話術』一書中提到，這位藝人的臨機應變，在達到印象的戰術上可說極具效果。他不僅沒被具攻擊性的謾罵所淹沒，反而巧妙運用他獨特的音調即時反駁，成功的轉移觀衆對「白蘿蔔」的注意。若非長年累月的訓練經驗，那會具有如此吸引觀衆注目的才能，達到有效的反應。

說話的音調，在人際關係上是有效的緩和劑。因為人們對於談話內容，本來就不如對原始音調有興趣，而受其影響。

只要我們一想起曾經風靡一時的瑪麗蓮夢露，首先浮現腦海的，便是她那美麗的臉孔和迷人的雙腿。尤其其極具曲線魅力的臂部，左右擺動的節奏感，更令無數人留下深刻的印象。她軀體美感的呈現，正是因為獨具韻味的節奏感形成魅力所在。

說話亦是如此，言詞的抑揚頓挫，一字一句的支配個人印象。音調幾可稱之為「語言的門路作用」。

在了解音調的效果後，便可應用到人際關係上，以便順利推展。

譬如，上司命令部屬辦事時，應儘量避免以上對下的命令式，改以「休息一下吧」的音調說法，其表達方式會令人感到柔和；如果再加上鼓勵性的點頭，相信從業人員不但不會反感，反而會更努力、有效的完成命令。

10可以引起他人情感及感動力量的母音

Ah！ca ira,ca ira,ca ira！Les aristocrats a´ la lanterne！（啊！ㄙㄚㄟ．ㄌㄚ，ㄙㄚㄟ．ㄌㄚ，ㄙㄚㄟ．ㄌㄚ，立刻把貴族們絞死在街燈下！）

這是法國大革命時，民衆的吶喊聲。德國小說家恩斯特・強格爾（Ernst・Jünger），在其著作『語言的秘密』母音部份上，說明母音中表示驚訝的「A」和表示嫌惡「一」的合音，是激起民衆狂熱的情緒，驅使民衆行動的原因。

他又表示，希特勒的演說所以能鼓動群衆的情緒，不在演說內容，而是其音調能掌握群衆心理所致。

事實上，不單是希特勒，多數史上有名的演說家，其演說內容並不算上乘，卻能使民衆達到忘我的興奮狀態。因此可見，演說之能否令人感動，無疑是以聲音的抑揚頓挫，動搖、主宰民衆的情緒。

在音律中，尤其以母音可帶給人們情感上的親密關係。如果把母音和子音互作比較，可以發現母音相當於原始音調，並無個別含意；子音則具有特定的意思。所以，母音是人類情感的根源。

據說母音有令人暈眩的作用，究竟母音會引起什麼樣的情感？以下引用菅谷規矩雄譯註『語言的秘密』，其中一段說明。

「通常母音中的A、O具有傾倒、贊同、感嘆的意味，而U和I則有適得其反，厭惡，甚至輕蔑、不安的意味。……如果以母音中的E叫喊，大多沒有特別的含意，只不過是想引起對方的注意，或者是無法肯定的語音罷了。」

人類表達自然情感的語言，始自人類初期的原始音；亦即人類以母音強烈的表達其本能的一面。如果能靈活運用在演講上，欲成為如希特勒般的辯才，並非不可能的。

11 將談話的「內容」、「動作」造成視覺效果，可給予他人深刻印象

演說天才卡內基年輕時曾有這麼一段故事。

大學畢業後，卡內基在一家公司當推銷員。他必須每天搭車到南達克他州作旅行推銷。這天，他來到Read field車站，由於這裡不屬於他的銷售區域，而且離發車時間尚有二個小時；因此，他在車站附近來回走動，還面有表情的朗讀莎翁四大悲劇中的『馬克白』一節：

「可以看見那頭的短劍，其鋒鍔朝向這裡嗎？……你的意思是要我去握它？……我沒有辦法握住它。只能看見它。……」

當他朗誦時，突然有位警官撲向他，並責問：「你為什麼要威脅女人？是不是企圖成為列車強盜？」

後來才知道，前方約一百公尺處，有位女孩一直自窗口探查他；當然這麼遠的距離不可能聽到朗誦的內容和聲音，然而他那豐富的表情及動作，卻導致這女孩心生畏懼而通報警方。

這可說是透過視覺要素，左右話的傳達。有些心理學者甚至主張，人類85％以上的知識是透

過視覺印象所得到的。

上述例子，是經由實際目視對方的表情、動作而成就視覺效果。同樣的，語言也具有強烈的視覺要素，可令人形成深刻的印象。

以視覺言語為例，列舉史上有名人物——美國第16任總統林肯為代表。當他對索然無味的報告感到厭惡時，總是以「派人去買馬匹時，務必要他注意馬匹的好壞是以馬腳來判定，而不是有幾根馬尾。」的隱喻方式，明確傳達他的意念。

語言的視覺效果，對於公開演講特別重要。因此，在演說前不妨先錄起來，過帶時再加上具有視覺印象效果的語言，二者做比較，便可感到不同之處。

因此，視覺效果可說是表情、動作及語言的發揮。如果言語上無法產生視覺效果，只靠誇張的動作很難令觀衆留下深刻的印象。

12 Be動詞（……是……）越少的文章，越具明確的說服力

美國海軍智慧庫資料研究所（Think tank information res earch associate）所長D・D・白蘭度・吉尼亞，其演說或文章以不使用Be動詞而聞名。

譬如，把 I'm no good at math.（我的數學不好），表達成 I didn't receive good grades in math.（我的數學拿不到好分數）。

當初以這種結構為文或說話，可能不易被接受。但至今，任何人都很清楚他的話及文章的表達方式，而且印象深刻。這並非只是訴諸情感的表達，故不會導致誤解。此外，對方不僅會有鮮明的印象，也會專心地聆聽。

採取略去Be動詞的方法，首由阿佛列・卡德斯基提倡作成學術研究。Be動詞即主詞和受詞的連結性。卡德斯基認為「日常生活中絕沒有一層不變的事，唯有不斷的變化才是生活的本質。」他繼承希臘哲學家赫拉克賴脫（Heraclitus）的思想，認為Be動詞是造成白馬非馬的主因。

白蘭度對卡德斯基的想法頗有同感，同時更將他的理論應用到實際上。

日語中「他是九州人」，實具有九州人個性豪放的意味；亦即只要提起前者，便會聯想到後

者的慣性觀念。

但對作曲家滝廉太郎而言，以「他，出生於九州，作有許多動聽的抒情名曲」來表達，便不表示有豪放意味的存在，而需明白確實的表明。

因此，若以定型化如A＝A的斷定方式來表達文章，不僅會使他人缺乏認同感，甚至有遭致誤解的可能。

故除去「……是……」的表達方式，採用其他的說明方式，才能建立正確的溝通。

最後，以卡德斯基的表達為例。他將「玫瑰是紅的」（Rose is red），表達為「我認為玫瑰分屬於紅色」（I classify rose as red.），或「我看見紅色的玫瑰」（I see rose as red.）；卻並不使用Be動詞。

13 謊話也因使用方法不同，可使對方獲得真實印象（第二個真實）

一般宣傳廣告的企劃案，都是專家智慧的結晶。他們經常利用日常生活上的常用語，創造出意義深遠的字眼。下例可說明這點。

領導美國廣告界的霍布金斯（Hopkins），接手休立滋啤酒的廣告撰文。首先，他到休立滋啤酒工廠實地採訪，以便了解啤酒的釀造過程，繼而打出廣告詞：「休立滋啤酒，首用蒸汽殺菌、消毒，百分之百的純度。」

自從這個廣告詞推出後，休立滋啤酒由同業銷售排行第五的業績，一下子躍為第一位。

其實，不單單是休立滋採用蒸汽消毒殺菌，其他啤酒廠亦然；只不過他廠沒有以這件事作為廣告詞罷了。這正是霍布金斯所說的「極端相似事件」（Pseudo-event）的一種。這種極端相似事件，需經由某人特意的提出，並且透過媒體加以表示；其含有亦真亦假的性質，以致造成不明確的表達。

換言之，要令人信服某事，若只說出事實，乍看之下並不具體；必須運用極具說服力的文句

謊話也因使用方法的不同，可成爲「第二個眞實」

，亦即「第二個真實」來表達。

此外，聞名的幸福牌香煙（Lucky strike）打出「toast」（取暖）的廣告詞後，大幅度提升銷售量。

其實，全美的香煙都需藉助於火，幸福牌香煙正是利用極端相似事件的手法而大告成功，使得年銷售量直竄60億支。

評論家大宅壯一指出：「對某人下評論，通常以其個性的一部分為表徵，如漫畫般的描繪其主要特性。」這種主張亦即人的極端相似事件的表現方法。

14 欲留給對方深刻的印象，須注意傾聽彼此的談話

「我之所以成功，在於我很注意自己談些什麼。」

推銷研習會上，一位30歲的某化妝品女推銷員，一開口便冒出這句話，令在場的聽衆為之注目不已。

她又說到：「『這支口紅的優點在於，即使嘴唇十分乾裂，塗抹後，也能增添高貴嬌艷的唇色。』這句話，要先把『口紅』、『乾裂的嘴唇』、『塗抹』、『高貴』、『嬌艷』這些印象在腦海描繪，以自己的說話方式說給自己聽。」

我當場為這番話所感動。她便是將自己的身分和被游說者互換，使得言詞字句可能造成的效果深深地崁入對方內心，同時取得親切感和信任感，是深具引起對方關注、魅力十足的人。

哲學家馬京・布瓦（Marchin Boover）說：「人，在與他人作由衷的交談後，才可以發現自我。人性就在人與人之間的交流產生的。」

馬京・布瓦的弟子，密西根大學教授亞伯拉罕・卡布朗（Apraham capran）亦說：「人與人之間的對話逐漸消失的原因，不在於大家不說話，相反的，人們都在說話，卻沒有做到專心

聽取對方的話。」

好比，他人在說笑話時，只一味擔心下個就輪到自己，而忽略他人究竟說了什麼。丈夫在說些什麼，為妻的可能一句也沒聽進去，只是嗯嗯哼哼的表示贊同，即使有值得發噱之處，也只是認為「現在該你說話了」。

亞伯拉罕・卡布朗稱這種情形為「二人間的對話（duologue）」。若要使得「交談（dialogue）」真正發揮效果，不但要認真傾聽對方的談話，也要注意自己所說的。若能做到這點，不止是傳達意見（communication），更能作到雙向溝通（communion）的地步。上述化妝品的銷售員，就是利用「傳達意見」而成功的。

親子之間的談話亦是如此。為人父母的在責備孩子時，若先能以緩慢的語調說話，並進一步的注意到自己的說話態度，可能會意識到「怎麼講出這種話」而自怨。有了這種自覺，也許更能幫助你注意以後該採取什麼方式來和孩子談心。

第二章 左右人類情感的作戰法

15被讚美時，明知是奉承話仍會感到高興

常聽說「人是感情的動物」，感情到底是什麼?

舉凡喜、怒、哀、樂，都是情感的表現。這些情感的流露顯示個人的心態。譬如，為他人的談話而感動流淚，閱讀新聞時的憤怒感，看電視發出的笑聲等等，其表現方法因人而異。總之，人所能看到、聽到的所有事物，都左右著人心。這種心為之左右的現象，就是情感，亦即英語的Feeling，德語的Gefühl，這二種字義的根源，都由接觸而來。

有關情感的心理作用，過去曾有許多心理學者提出各種不同的主張，這不一的主張也可說是情感的複雜性所造成的。因此，可分為以身體調整支配的情感，以及由個人因價值觀的不同而採取行動，所代表的精神兩方面。若採取M. Schleier的學說來看情感的心理作用，有下列四階段的變化。

第一階段——因肉體受某種刺激所產生感覺上的情感。如痛苦或快樂。

第二階段——全然感受生命力的情感。如充實感、倦怠感、緊張感。

第三階段——泛屬一般情感，如喜歡、悲傷、憤怒。

第四階段——構成情感的最上層，如宗教的喜樂、和平。

因此可以看出，情感大多由一時的欲求所左右，可藉由語言的表達，使人感到快樂或不安；即大多屬於第二階段、第三階段的情感。

當人們被讚揚時，會顯露出喜悅的神情，這正是自我意識被外界因素所鼓動，亦可說是奉承語的效用。

儘管知道那只不過是阿諛奉承語，卻不會有厭惡感。有些人聽到名過其實的讚美詞，便得意揚揚，倘若再加以奉承，更顯得飄飄欲仙。自我意識越強的人，越容易為之所左右。碰到這類人，通常我都想挖苦他。但是，換個角度來看，倘若只是單純的讚美詞，卻會為人際關係帶來潤滑作用，值得多加活用。

讚美不嫌多，若只說一次便吝嗇再說，其效果便無從發揮；若能如扶梯式的不斷使用，不難達到相乘效果。

16 意外的讚美倍增喜悅

三島由紀夫的小品文『不道德教育講座』，記載如下一段故事。

法國某將軍屢戰屢勝，某人稱讚他：「你真是了不起的軍事家。」他卻無動於衷，只因他認為打勝戰是理所當然的事。而當那人指著他的鬢鬚說：「將軍，你的鬢鬚真可媲美美髯公。」這次，將軍立即欣然而笑。

任何人被讚美沒有不高興的。這種情愫可以二方面來看，一是「自我確認」的欣喜，亦即非常了解自己的長處；一是毫不知情，當他人提出讚美時的「自我弘揚」。

二者互作比較，後者所產生的喜悅感大於前者。以上述例子而言，由於那位將軍的能力早已備受推崇，若再讚揚其軍事技術，只會讓人覺得在拍馬屁。若說得不得體，又會讓人認為是在評議。

類似的情況在新聞業更是常見，採訪記者沒人願意被評論，若被批評，不高興是顯然易見的反應。

曾經有個著名的攝影家，對於即使非常保守的女性，也有把握讓她卸去輕衫拍照。當問及其秘訣時，他說：「其實，我並沒有什麼秘訣，只不過是特別稱讚對方某部位的美感罷了。譬如，『妳的耳朵看來具有相當魅力，任何人一看到，便會覺得妳是性感又迷人的可人兒』，自然而然的說出讚美詞。」

事實上，女性對於自己的五官、儀表、體態都非常清楚優點所在，若在上面大作文章，只會令人覺得多餘，甚至認為是虛偽的奉承。但若是自己不以為然的部位受到稱讚，便會覺得自己的存在受到肯定之餘，更進一步的弘揚，而喜不自勝。所以，「自我弘揚」的喜悅要大於「自我確認」。

17 幽默是言語之間的意外組合

數年前，日本名歌手千昌夫唱有一首「星影華爾滋」。每當電視主持人介紹他是岩手縣來的「岩手之星」，總是引起觀衆大笑。

何以會這樣?因為「岩手」這句話會令人聯想起爛泥巴，而「星」具有高高在上，發出閃爍微光，富有羅曼蒂克的感覺。主持人將這有若天壤之別的二句話結合在一起，就成了「爛泥巴裡的星星」，委實令人莞爾不已。

因此可知，好的構想往往由二種截然不同，但各具其合理性的語言結合而成。而且，越是極端差距的兩種語言，組合後的「笑」果也越大。

如果能依照這原理，便可以製造無數的笑料。例如，「愛斯基摩人的冷氣機」、「傳染性過敏」、「甲:『我的腿越來越像豬腿了，小狗看到了一定會在後面追。』乙:『小狗看了還要挑到底吃不吃呢!』」……你不妨也想想看有那些幽默的組合。

但若在該嚴肅的場合，冒出極不協調的話，可能會造成反效果，值得小心注意。

18 引他人笑的第一條件：使其具優越感

任何地方，「笑」總令人們感到暢快。長久以來就有很多人著手研究及發表意見，他們都有個共同看法，「當人們感到特別的優越感時，即會露出笑顏」。我也認為這種心態確實和「笑」有巨大關係。

這類例子不勝枚舉。為日本經濟帶來高度成長的前首相池田勇人，對於數字方面的記憶力很強，表達能力卻很差。

某天，他在國會作答辯時，錯把「etiquette」發音為「equetitte」，引起議員們的笑聲，紛紛指稱「你說錯了」。他馬上回答：「我沒有學過法語，不懂得如何正確發音。」而再度引起全堂爆笑。原先陷於窘困地位的他，卻因這句話而使得緊張氣氛頓時煙消雲散。

「etiquette」英、法語發音都有，池田首相是否刻意這麼說，並不能確定。而此話會引起大笑的原因，在於議員們「我就不會像你一樣說錯話」，自覺超越他人的優越感。

懂得如何引人發噱的人，都很了解這種心理。

那些專門引人發笑的行業，如小丑、相聲、雙簧、喜劇演員等，正是懂得使觀（聽）衆產生

「我絕不會像你那麼傻氣、那麼寶貝」的優越意識。

正因令對方感到極度優越，使其自然而然的從緊張狀態中解放出來，有股輕鬆落實感。換言之，若無輕鬆落實感，也就沒有笑聲飛揚。

具體說來，由於優越意識使然，可以使人擺脫緊張、內心寬鬆，繼而扭轉劣勢。如上所言，池田首相貴為一國總理，具有超越他人之上的地位，由於他那句話，使得議員們覺得可以和他平起平坐，因而使得咄咄逼人的氣氛，成為笑聲彌漫的輕鬆狀況。

19 有目的的行動暴露出無目的的舉止，會惹人恥笑

喜劇泰斗卓別林演過無數令人發噱的電影，只要人們看到他的動作便會忍俊不禁。他主演的「摩登時代」影片裡，有這麽一段場景。

全自動化工廠裡，員工們配合機械運作而做事。由於科學化管理，員工千篇一律的重複相同的動作，極為單調乏味。

卓別林就在這樣的工作環境下度過一天。下班後的他走出工廠，卻還繼續不斷的做著工廠裡單一作業的動作。

第一次看到這片的觀衆都笑了起來。笑聲中，卻對現代文明有所感慨。

這就好比伸手到空餅乾盒，原本具有某種目的的實質行為，卻成了毫無意義的舉動，自然引人會心一笑。卓別林在影片中的角色，對工廠而言，具有工人身分的意義，一旦離廠，所繼續的動作卻全然無意義，十足反映市井小民的悲哀。

這個原則也可運用到反面上，亦即毫無意義的動作，突然成為有目的的舉止，同樣有其效果。

結婚典禮上，有人致詞到一半卻不知如何接續時，就喜歡用「……那麽就來一個」的口頭禪，即使賀詞結束，也喜歡來上這麽一段作總結：「那麽來一個，現在來一個，健康的來一個，二位新人也來一個，今晚……不但來一個，來二個……，請多多努力。」

對於歡樂氣氛中的宴席上，這番獻給恩愛新人的話本來毫無意義，卻在他反覆的使用「來一個」，加上氣氛，終而引起大夥的爆笑及喝采，成就了具體的意義行為。這是個鮮活的例子。

20過度的稱讚，反而覺得不安

一九六三年，美國名詩人羅伯次・福爾斯特（Roberts・Forster）屢受當時蘇俄頭子赫魯雪夫的稱讚，他反而覺得忐忑不安。何以有此感受？評論家F・D・Rivas推測其原因，「也許他存有如果下次失敗，該怎麼辦的心理所致」。

至於赫魯雪夫給予福爾斯特什麼樣的讚美？沒人清楚。總之，當人們感受到過多的讚美，就如烈日直射皮膚一般，反而會感覺不快。

面對「你很了不起、很親切、寬宏大量、一點也不傲慢……。」的讚美詞，你將有何感受？最初反應，大概覺得很彆扭，不但不敢直接說謝謝，也許還要加以否定。

儘管彼此是至親關係，也無法徹底了解對方的個性，更難以知道其內心真正的想法。所謂人際關係，也只不過是以其所了解的部分人格，及其所見到的顯著特徵，相互溝通、交往罷了。

心理學者H・G・Junote說到，當一個小孩受到過度稱讚時，會覺得自己不值得被讚美，無法承受一旦出洋相的窘況，為了減少這種壓力，他便開始惡作劇。這種情形同樣也會發生在大人身上。

寫著一手好字的新進人員，文書報告很受上級的賞識。由於經常受到「你做得很好」、「很優秀」之類的讚美詞，反讓他覺得很惶恐，鎮日疑神疑鬼的。

他認為字跡漂亮並不需多大心力，卻因此屢受稱讚，而其工作態度卻沒有受到肯定、具體的評價，更讓他覺得不勝負荷。一心以為要是上司真的認為他很優越，不會是這種說法，使得反抗意識油然而生。

21與對方預期的有所出入，將陷對方於不安

根據犯罪調查刑事專家說，小偷之所以做出大膽的舉動，乃是基於被害者「被殺的隱憂意識」。

通常，被害者發現小偷時，總是轉身逃跑或大聲喊叫，這種下意識行為就小偷而言，早在意料中，並不能阻止其有所作為。倘若被害者的行為意識，出乎小偷所預期的反應，反而會令他感到不安。

最近，日本作家曾野綾子的住宅也遭到小偷的侵入，她儘量壓抑恐懼感的說：「你儘管拿去吧！」小偷聽到後，反而感到心虛，立即轉身就跑。

興奮時，做起事來信心十足；緊張時，說起話來不夠順暢；身為作家的曾野綾子，可說非常了解這種心理，所以才能使對方陷入不安中。

日本江戶末期時局動盪，幕府大臣勝海舟之能安然渡過危險，也是由於他應付得體。勝在京都•四條通的路上，曾遭受一個矇面武士的攻擊。這武士一直躲在陰暗處，待他走近便將槍口對準他。勝發覺情況不大對勁，嚇了一大跳，但他故作鎮定，邁開步伐迎向武士。

勝拍拍胸脯，以江戶口腔輕鬆的說：「喂！站在那裡的傢伙啊，以你這種姿勢絕對打不到我，瞄準目標應該是這裡（指著胸口）才對。」矇面客一聽，立刻慌慌張張的跑掉了。

勝海舟即使勇敢，其內心難免也有恐懼感，但他卻能克制不安，儘量以平靜、毫不在乎的語氣說話，才會使得刺客逃去。

假如當時勝稍微顯露不安的態度，恐怕日本歷史就要改寫了。

讚美生氣中的人，或預期被讚美卻挨罵時；只要一句話便可使對方改變態度的方法，不僅在人事管理上，最為上司採用；就是御妻（夫）術，也十分有效。

22 女性最感困惑的問題不外衣服、同伴、食物

你是否聽過「女性三大困惑」？

(1)「妳要吃什麼？」

(2)「妳要和誰去？」

(3)「妳要穿什麼衣服去？」

對於衣服、同伴、食物，女性總有強烈的需求感，不願在這些事上矇羞。

當女性與社會有所接觸，最怕的就是有失顏面，只要在這三方面不致出差錯，便能放心的社交。基於害怕的心理，以為這三件事若應付不過來，出糗了多難為情的畏懼心，使得女性深感困惑。

在感情方面，如果她對男友厭煩，可以不必有任何特別表示就離開。但是，只要提起「你要吃什麼？」就會有些小麻煩。

對於吃的問題，她定會感到困惑，也許手指指菜單，把話含在嘴裡，陷入十分困惑的狀態。這時便得趁機催促她「快點嘛！」

女性三大困惑——衣服、同伴、食物。

通常，女性都會有不悅的反應，「不要急嘛！你自己確定就好，還管他人吃什麼？太蠻橫了吧。」

有時，甚至歇斯底里的尖叫起來。

倘若每次飯局都涉及這個問題，她定會自行避開。不過，我沒試過，不敢保證必然有此結果。

除了「女性三困惑」外，男性的「三困惑」是什麼？這就要靠各位去研究了。

23 當個人被物體化時，會感到強烈憤怒

這裡有個有趣的研究報告。

美國心理研究所G・R・Baker博士在其著作『內在的敵人』一書說到，在對二五〇對夫婦進行引起感情失和的實驗結果顯示，最容易引起對方憤怒的話，即是剖析對方的個性。誠如博士所舉的例子。

妻：「不要開玩笑了。」

夫：「什麼開玩笑！我最清楚我的事！」

妻：「清楚？你一點也不清楚，我才最清楚。我知道你有同性戀傾向，只是沒有實際行為。」

如果這個分析正確，一定會使對方感到非常憤怒。他可能會：

(1)規劃自己的性格。

(2)同時做人身攻擊，相互揭瘡疤，作人格上的廝殺。

(3)最後就會說出不愉快的話，如此一來，便不把人當人看。

經常使用的老詞，據博士的說法如「同性戀」、「酒精中毒」、「虐待狂」、「賭鬼」、「

騙子」、「戀母情結」、「自戀症」、「沒志氣」這些話。倘若你想激怒對方，只要從中挑選一個相當於對方個性的用詞做攻擊即可。

上述原理不單限於夫妻吵架的場面。我經常有機會和企業管理人員談到人事管理的心態角度，每每我都強調，不要說出令部屬不愉快的話，像是「你根本是……個性」、或「你的特性就是……，所以做不好」。

部屬與上司是以工作為媒介而形成的契約關係，個性、特質不應該作為評價對方的標準。何況人們大多相信「江山易改，本性難移」，同時更承受或多或少來自外界對性格上的壓力，如果再施加刺激，將會有被拳擊擊中，難以形容的痛楚感。

24 被傷及自尊心，會爆發怒氣

最近經常發生殺人事件，記得一九七二年二月十六日，愛知縣發生一樁小學老師殺死岳母和妻子的凶殺案。

那時我人在美國，當我看到從日本寄來的新聞報導，不由想起何以會導致這種不幸事件？後來發覺是源自於他岳母的一番話。

「你這不中用的東西，不但沒有好好負起養家活口的責任，竟然還四處舉債；最好你請個鄰居作證人，順便把房子給賣了，夫婦倆離婚。搞不好你還辦不到。」

人的自尊心一旦受到強烈的傷害，通常都會顯得非常憤怒。從對方投擲而來的侮辱，將使情緒越發緊張，繼而產生挫折感。挫折造成壓抑感，久了便轉換為具攻擊性與侵略性的憤怒，這種現象心理學家稱之為欲求不滿攻擊理論。

當不滿的情緒被阻抑了，將由然升起強烈爆發力，想突破阻礙之牆。如果攻擊無效，不滿的情緒勢必逐漸高漲。但人們往往採用他種方式，儘量抑制怒氣渲洩，例如喝酒、批評他人。以不致危害社會的行為，藉以抒發內心的怨懟。

但傷害若是來自各方面的，則喝酒、咒罵的方式是下下之策。換言之，不滿的情緒一再壓抑，無法適時的渲洩，一旦以憤怒作為發洩方式，這股凝結的怨氣所產生的攻擊性與侵略性，便可能是殺人的發端。

假如要激怒對方，應儘量避免足以傷害自尊心的字眼，以「色鬼」、「酒精中毒」、「賭鬼」、「騙子」、「膽小鬼」等等用詞，打擊對方的缺點，就足以致其面紅耳赤。說客便足具這本領，即使激怒對手，還能將箭頭一轉，嫁禍到他人身上，以平息對方的怒氣，而不致造成不可收拾的局面。

特別提醒一點，自尊心受傷害，通常女性較能率直的表達憤怒。用話刺傷自尊心，等於侮辱其人人格，因此，在對女性說話時，要特別謹慎用語。

25 多管閒事易使人發怒

早餐時，電話響個不停，被吵醒的嬰兒警鈴似的哭個不停，烤麵包機傳來土司烤焦的味道，剛起床的丈夫踱步到廚房……

類似的情形在任何家庭都可能發生，使得家庭主婦覺得坐也不是、站也不是的團團亂轉。

在這節骨眼，如果先生說了下述三句話的任一句，你將會有什麼反應？那句話最令你感到不快？

(1)「怎麼搞的，你到底什麼時候才能烤好麵包？」

(2)「又是孩子、又是電話，又要注意烤麵包，你今天早上真是太忙了。」

(3)「我殺了你，麵包是這樣子烤的？」

美國心理學者H・G・Junote 博士對一些家庭主婦做上述的實驗，結果顯示以(1)、(3)兩句會令人感到特別的憤怒。尤其是(1)的敍述句會使人覺得自尊心受傷害，產生怨懟。

形成憤怒的因素很多，除此之外，另有睡眠不足、空腹等等生理上的欲求，或遇到阻礙理想目標的障礙物等物理上的欲求。一旦外界對自己造成干涉情形，將很容易招致憤怒。

干涉他人，易遭人怨。

但若是具善意的由衷忠告或勸導，就不致於激怒對方。

因此，希望讀者能注意用詞親切，避免傷害對方，或是使對方爆怒。

26 為避免他人發怒，使用抽象度低的話語

教書生涯已有很長的一段時間，教過的學生不計其數，因此經常被邀請參加結婚典禮，難免有上台致詞的機會。我不願說過於冗長的話，總說些新婚夫婦必須注意的幾個重點。

賀詞中，要屬這段話最令新人感動：

「……我只希望二位新人能做到這點，假定日後對新郎倌有任何的不滿，請務必避免說下面這些話。①『你這人太無情了』、②『你這人總是……』、③『男人為何都是這副德性呢？』。如果能遵守這點，我保證你們夫婦倆的婚姻生活定會幸福美滿。」

一年後，那位新郎倌來拜訪我，並且說到「當時我們兩人聽了你的話，只是覺得好笑。後來，由於賤內一直遵照老師的教誨，所以至今從來沒有過無謂的爭吵。現在，我也特別記住這三句話，儘量避免說出傷人的話。」

這番話竟然如此受用，連我都感到驚訝。那只不過是應用「意味論」的學說罷了。

語言具有把事實用抽象方式表達的特性。抽象度也有大小之分，例如：「你這人太差勁了」的講法，比起「你這人老是不守約定，真是太差勁了」，顯然前者較為抽象。如果轟然一句「你

這人太差勁了」，聽的人一定覺得莫名其妙，無所適從；後者的說法則較能為人理解。

因此，說出的話越是抽象，越容易使對方混淆。他會一直想要探察你話中語意，甚至不知該如何作答。所以，有意要引起他人的怒意或興奮時，運用具抽象理論的話最易奏效。

你該可以了解何以我的賀詞會受到感謝的理由吧！這就是儘量不用極度抽象的話，不讓對方捉摸不定。

如果夫婦吵架時，一方以低姿態來談話，例如：「你偶爾也買些禮物給我好嗎？」比「你這人太冷淡無情」，更能製造和樂融洽的氣氛。

總之，當雙方吵架時，若能以較肯切的低姿態談話方式，彼此都客客氣氣的，也就不會有奮亢高昂的現象了。

27否定隱藏在後的情感，即可消怒

有句話說：話裡沒有『橡皮擦』。經常會有說出不該說的話，或看到對方臉色不對勁，才意識到情況不妙的情形發生，這時再說：

「對不起，我說得太快了！」

「剛才說的話，我要鄭重取消。」

「啊！剛剛說錯了。」都無濟於事。

有時不但不能平息對方的怒氣，反而會使對方更加怨恨。

曾經，有個家庭主婦問我，到底有沒有較好的說話用『橡皮擦』？原來，該主婦想到什麼就說，常在無意中刺傷她的小姑，總要小姑氣得全身發抖，瞪著牛大的眼睛她才察覺，但後悔已來不及了。這就是典型的姑嫂不和。

因此，我特地獻給這位心直口快的主婦，一種精心製作的『橡皮擦』。即是去掉話中可能含有的弦外之音，這是息事寧人的最快方法。

後來這位家庭主婦告訴我，她們姑嫂已把手言歡，不但如此，彼此間的感情還比以往更融洽。

其實，不僅他們二人，社會上人與人之間，往往因為衝口而出的話以致有所爭論。由於覺得話中別有含意，進而互相懷疑，造成感情摩擦的不愉快事件。若要預防這些不快，必須機警地注意對方可能誤會，儘早予以否定。

28欲鎮定高昂的情緒，不要觸及形成因素，只須贊同其情感

進行心理建設治療的，通常都是一些發牢騷的人。例如，為上司毫無根據的責罵，感到非常生氣；或是因為先生有外遇，所以生氣離家的太太。究其原因，均可歸屬缺乏他人關愛，對當事人而言，卻是一樁影響一生的大事。通常這種情況，只要把他們的情緒撫平，即可很快解決，回復以往的關係。

因此，絕對不要觸及使他情緒激昂的原因，要完全接納他的情緒，並同情他的處境。譬如，面對因上司毫無根據的責罵而憤慨不已的青年，不可加油添醋的問「你有沒有努力的使上司了解事情的真相？」而須問「所以，你為此感到憤慨？你應該大拍桌子和他對罵，或乾脆置之不理的跑出去，甚至馬上提出辭呈。這種上司真是可惡加無能，也難怪你會生氣……」等說詞來迎合他的心情。

這麼說之後，大部份的人都會反應「當然要這麼做，這麼說」。如此大聲的反覆說了幾次，他那激昂的情緒，終於漸歸於平靜。

美國愛荷華州的丹本布頓，有一24小時開放營業的「電話商談」服務處。估計每個月約有一五〇名個案，其中以獨居的老人占多數。

這些老年人難耐寞天寂地的日子，渴望找個可以傾吐的對象。服務處每天有10名義工輪流接聽電話，以最有效的答話來抒解他們的苦悶。

如「你是今晚第二個跟我談話的人，我覺得好寂寞」，迎合他們的情緒，使其能安心的暢所欲言。表面看來，似乎並不關心對方的談話內容，只是基於同病相憐的情懷，選擇最好答覆。

這種作法彷彿不近人情，然而，若要探究使對方感到煩惱的話題，反會使對方裹足不前，有所疑慮。唯有採取基於同情，迎合應答的方法最有效。

關於需借助他人才得以處理的個人問題，必須做好心理上的溝通建設，才是上上之策。

29 以言語鬆弛緊張感

全美保險業績紀錄最高的業務員F・Berteca，開始招攬保險時，對於面對面的保險洽談，總有莫名的恐懼感。Berteca 將其克服恐懼的心路歷程寫成回憶錄，其中提到，他以汽車工業鉅子亞基休斯為最佳保險人選，在跑了幾次後終於得以會面。

當他一踏入氣派十足的客廳，突然一句話也說不出，緊張的直發抖。亞基休斯有些訝異，直盯著他看。他好不容易鼓足勇氣說：

「休斯先生，很早我、我、我就想來拜訪你，直到今天才有機會見到你，實在感到榮幸。但是，一看到你、你、你，卻害、害、害怕得說不出話來。」

勉勉強強的擠出這些話，奇怪的是恐懼感頓然消失了。本來未曾察覺桌上有個煙灰缸，現在不僅看到了，而且，也能看清休斯的五官。

由此經驗，Berteca 察覺並提出「心存膽怯時，要勇於承認事實」法則。

此外，Berteca 又舉一實例。

一九三七年春，紐約帝國戲院邀請世界一流的莎士比亞歌劇演員毛萊・伊潘斯演說。當伊潘斯看到偌大的群衆，頓時不知從何說起，只好以下述作開場白。

「看到這麼多了不起的人士齊聚於此，我感到非常驚訝。也許我該說些有益於大家的話，但我卻不知該如何表達才好。」

講完這句話，他頓然覺得很輕鬆，接下來的演說一直很通順流暢。

這證實 Berteca 法則的實際效用。確認緊張的情緒，再藉諸語言的訴說，使他人產生客觀的認同感。

當取得他人客觀的認同感時，自己便會呈現冷靜的態度，這在心理學上屬一般常識。

因此，若能自然的將這層焦慮消除，不但對自己有益，對他人也小有貢獻，而能造就輕鬆愉快的氣氛。

30 客觀的態度是消除自卑感的有效方法

經常，我們會感到自卑或罪惡感，其最大形成理由是什麼？此乃基於不敢勇於承認自己的存在事實。換言之，很容易相信或接受他人所給予的評價。

例如，每天辛勤的工作，卻只有微薄的月薪，假如這時有人批評他說：「這傢伙沒什麼本事，了不起領個二萬台幣罷了。」當他聽到這種評語，可能會就此對工作失去信心。同理，對一個缺乏自信的人而言，惡意的批評將對其全面性的自我確認，產生負面的影響。

我曾擔任某工廠員工生活上的顧問。有天，一位員工找我聊一些話。

「我只不過是個小小的鍋爐工人。」

「你是鍋爐工人哪？」

「我只有初中畢業的程度。」

「至少你完成義務教育。」

「我在鄉下的父親，只是個貧困小民。」

「在務農嗎？」

「我長得又醜又矮，從來不獲女孩的青睞。」
「也許你是比一般人矮些吧！」
「我一點技能也沒有……。」
「沒有其他特別技能……。」

從談話中，不難看出這人有嚴重的自卑感。由於長期以來只聽信他人對他的「判斷」（judgement），因而造成這種心理。我把跟他的談話，當作一般「報告」（report）的方式處理，做為治療方法。一個月後，他便完全從自卑感的陰影中走出來。

因此，以客觀的報告方式應對，排除毫無根據的主觀價值判斷，不僅可使治療者和被治療者間的人際關係好轉，並同時具有使患者自卑感消失之效用。如果沒有傾吐的對象，也可經由書信方式解除。例如，當心理有壓力時，將其一一陳列紙上，並且加以思考、檢討：

(1)「我有必要承認這個事實嗎？」
(2)「到底是誰這麼獨斷？」
(3)「我是不是應該承認？」
(4)「過去雖然有過這類評語，但就現況可證明出來？」

如此作自我問答，並且刪掉不真實的評價，試著以報告書的寫法述說，即可粉碎毫無來由的自卑感。

31 不入流的話具有發洩心理不滿的作用

「pussy, fuck, banana, prick, screw」……對這些話有興趣的人，可查英語俚語字典。

這些字眼都具有猥褻的意味，但在美國紐澤西州的拉威監獄，卻允許涉嫌強暴被拘禁的罪犯，在某個特定的時間裡大聲叫罵上述的髒話。以這種叫罵渲洩的方式，達到精神治療的效果。

對於獄方採取這種方法的目的，研究性犯罪學者威艮・E・布連坎斯特的說法是：

「將積壓在內心的不滿、憤恨發洩出來，不僅適用於性犯罪者，同時可運用於婚姻顧問所，及其他有關人際關係的問題上。那些強暴犯都是屬於喜歡責打妻子或性虐待狂，由於他們的感情一直受壓抑，造成心理不平衡，一旦爆發，便自然而然成為強暴案。」

換言之，內心的積怨形成一種『惡劣的感情』，繼以猥褻的字眼為發洩方式，以便儘量減低壓抑心理的不平衡，即為催化作用。

由於採取這種方法，出獄後的犯人，再犯的比率僅有〇・七％。

持有「我跟強暴犯不同」想法的人可能不少，不過這種方法對正常人仍值得一試。當然，只要大聲吶喊即可，不一定要說些惡毒、不堪入眼的髒話。當心情不好，心裡覺得煩悶、焦慮時，都可以藉用這種方式發洩。

其實人人都可說是處在犯罪邊緣，若遇到極度不滿的狀況時，不妨一個人跑到空曠地方大聲咆哮，無論是粗俗鄙野或反對現實的話，都可有效的擴散積憤不滿的情緒，得到意想不到的舒爽。

常會聽到以「吵個痛快」處理夫妻吵架的問題，這和上述的方法有異曲同工之妙。藉著互相指責、以惡毒的字眼對罵，甚至鄰居都聽得一清二楚的音量，痛痛快快的吵上一架，過後，夫妻間的情感將更和諧。

32 若要幫人自失意逃離，儘量使其聯想相關因素的話

對正值失戀的女孩說：「死了這條心吧！」絕不會收到效果。因為即使她想認了或死心，也不知如何割捨這段情。因此若有心協助，也許可以考慮下述方法。

首先要她說出失戀對象的名字，假定是「山本一郎」，那就要求她「專心一致的想山本一郎四個字，從這四個字想出一句話」。

從其聯想的話裡，大致區分為動詞、形容詞、名詞。若屬性是動詞、形容詞，便問她：「還可以聯想出什麼事？」若是名詞，則問「你對這話有何感想？」

不斷的要她聯想一些話，起先還會為山本一郎的影子所束縛，漸漸的，由於毫不相干的話，而自山本一郎的感情世界走出來。

比如「山本一郎↓身材高大↓外國人↓輪廓深刻↓雕刻↓人兒↓蹲下↓腹痛↓過量↓烤地瓜……」。當她思考到「輪廓深刻……」的階段，依然受到「山本一郎」的影響；到了「蹲下」，仍有一絲牽絆，當最後談到完全與「山本一郎」脫節的「烤地瓜」時，便可趁機問她「你不是從山本一郎走到烤地瓜了。」相信她必然露出愉悅的表情。

這是運用語言的自我運動原則。精神分析學家 Sigmund Freud，在作神經質病患精神狀態分析時，即提出「自由聯想法」，自病患的話裡引發潛意識中的各種觀念。亦即使病人說出長久被壓抑的思想。

以精神分析的方法，將病人的莫名苦惱轉移到話題上。上述例子中的主角很清楚造成煩惱的原因，而經由自由聯想的自我運動，掙脫情感的枷鎖。這種方法同時可幫助意志頹喪的人，自消沈的谷底轉為樂觀的心境。

33 專家一句毫無意義的話，可能對外行人形成致命的打擊

也許你不相信，但確實發生過這事。

有位年輕小姐患有支氣管炎，醫生半開玩笑的對她說：「小姐，妳好像有喉結。妳不是女孩子吧？」

醫生只不過隨口說說，然而一句「不是女孩」，卻對這不滿20歲的少女造成相當大的打擊。從此以後，她經常穿著高領的服裝，倘若接觸到家人注視其頸部的眼光，她一定板起臉孔，繼而亂發脾氣，並且有了輕微的神經質。

這在醫學上稱為「醫師製造神經質」。缺乏職業道德的醫生，甚至會對病人說出恐嚇的話，以控制病人行為。

此外，還有一例是日本醫事評論家石垣純二先生透露的。他說某公司總經理夫人，感覺胃不太舒服，經過診察後，內科醫生說：

「太太，妳可能罹患癌症，需做進一步的精密檢查。」

當天，這位夫人輾轉難眠。第三天，甚至寫好遺書才接受精密檢查，檢查結果一切正常。

然而她還是無法釋然，轉至別家門診。這次醫生對她說：「你可能患有胃下垂。」於是，她再到癌症治療中心重做檢查。

醫生看過X光片後說：「喔！這裡有點問題。」她疑心自己果真得了癌症，一回到家，便將二位小孩帶到伊豆的石廊崎企圖自殺。由於醫生不經心的一番話，造成種種神經機能障礙，逼迫她瀕臨絕境。

這就是「威光效果」，即某些人的外在形象及對外條件，對他人的評價實在具有極大影響。由於說話者具醫師權威身分，病人輕易便取信，以致陷入絕望。若是自一般人口中說出，可能會被認為只是玩笑。

經由具專家地位的口中而出，當然對外行人有嚴重打擊。「威光效果」是顯而易見的，若能妥善利用將成為強而有力的武器。

34 要自絕望中走出，須用語言將所有經驗符號化

誰都有過挫折或經歷不幸的遭遇。若只一味在池沼中打轉，只會越陷越深。該如何才能突破現況？藉助語言不失為一良策。

美國芝加哥職業棒球比賽，白襪隊內野手連續犯了四次失誤，他不但不以為忤，反而「我創造新記錄了」的叫起來。

當他把四次失誤當「新記錄」大聲吶喊時，已將失敗的事實淡化，徒留「新記錄」的優越感，因此得以避免陷入重挫中，反自精神困頓超脫出來。亦即，他將負面的失敗經驗，轉換為正面的意義的原理，反而可以紓解他精神上的苦悶。

修辭學家肯尼士•巴可解釋這種轉反為正的語言表達，是自苦痛經驗逃離的有效方法，稱之為「符號戰術」。

事實上，我們在潛意識中也經常利用「符號戰術」。

如果家中發生一連串的不幸事件，或情緒總不對勁，就告訴自己「今年流年不利」，多少可將自己自絕望情感中提昇。所謂「流年不利」，即是屬於「符號戰術」。

深受美國年輕朋友喜愛的鄉村歌手詹姆士•泰勒，主唱的「火和雨」歌詞描述患有大痲毒癮的人，掙脫苦痛的奮鬥過程。事實上，這位歌手也染過毒癮，因此更能將刻骨銘心的感受，透過歌曲表達得淋漓盡致。他不僅成功的拯救自己，同時，這首歌曲也大受歡迎。

不僅是歌壇上，精神苦悶的人，經由寫詩、寫小說，成就優秀的藝術作品的例子，也不勝枚舉。

有些人對我說：「我對人生毫無希望了！」

我奉勸他們嘗試提筆以詩詞、告白或傳記的方式描繪不幸事件，其中以詩詞較具符號性。我會要他們一而再，再而三的朗讀作品。逐漸的，隱藏在字句裡的符號化的語句，可以幫助他們自苦痛的經驗走出來。

第三章

不讓他人說「不」的作戰法

35 先同意對方，即是讓對方贊同自己的第一步驟

人際關係裡，如何才能扭轉對方反對或拒絕的意見，順從己意？本章將介紹不讓他人說「不」的心理作戰。

作戰大致可分為理論和心理二種方法。不能令對方苟同，也無法說服時，往往是由於偏重理論，所以困難重重。

不得不強調理論時，若能再輔以心理作戰援助，則更具神效。心理作戰，首令對方知道自己會贊同其說法。

面談治療時，經常採用心理學上所謂的「採納」，亦即「非指示的方法」的一種基本方式。雖然對方的主張、言詞、態度、感情、信念等等情感上的訓練，都屬於非理論的、非合理的、非道德的內容，若能先接受這些概念，對方就會感覺自己受到尊敬，產生安全感。在此情況上，即可做好人際關係，亦即讓對方輕而易舉的接受自己的主張。

除了心理治療的效用外，這方法也可從其他方面得到證明。特別是需經顧客首肯的推銷員，當遇到頑固不冥或斷然拒絕的客戶時，都可應用這種處理方法。

即推銷員在與顧客談論時，需採用諸如「就如同你所說的一樣……」、「說的有理」或「的確如此……」的說法。

又如，美國心理學家艾克曼針對改變學生的意見所做的實驗。

凡是反對死刑制度的學生，他始終以「好的」反覆作答，最後終於使得學生改變初衷。

這些都是根據「採納」的原則，先同意對方的意見，結果終究令對方同意自己意見的典型範例。

36欲說服對方，需讓對方易位而處

「你若站在我的立場會怎麼做？」這種說服法，是說服技術的第一步。

亦即讓對方擔任role playing（角色演技），從對方的談話中得到要點。相當於把自己暫交對方處置，讓對方站在自己的立場說話，再由談話中，發掘對自己有益的話，以便日後採用。

美國著名的人際關係促進專家L·金本森的諸多朋友中有個陸軍上尉，金本森說他的朋友之有今天的成就，就是因為具有優越的說服技巧。

他的朋友自孩提時，就一直夢想能到西點軍校就讀。高中畢業那年，不巧遇到一九二九經濟大恐慌。由於西點軍校免繳學費，太多人爭相入學。然而要得入學許可，大都需靠有力人士的關係和推薦，可惜他都缺乏。

於是，他親自拜訪州裡幾個有力人士，並說：「如果你站在我的立場，自願就讀西點軍校，你該如何？」

結果這些人士都為他寫了推薦函，並積極支持他。

也無疑是自己突破難關，開啟成功之門。

事實上，每個人都是自己的最大關係者。當初這無名小卒若用「請你寫封推薦函給我」的拜託方式，可能一開始就吃閉門羹。

要說服他人，就要讓對方參與自己的問題，並投入關注之心，這是說服的第一要件。再從其關心程度，探查對方的意見，這是說服的第二要件。「假如你站在我的立場該怎麽做？」這種說服法即在滿足這兩個要件。

如果改用一般說法的問話：「當你遇到這種場合，你會怎麽處理？」一定可從答話中發現對方站在自己的立場發言，同時找到對自己有幫助的說服資料。

37欲得對方首肯，需先讓對方說出「Yes」

世界聞名的臨床催眠家Milton・Emilsom，進行催眠前的準備工作是讓對方回答「Yes」的問題，以便引導對方進入催眠狀態。

應用這種方法使對方樂意接受，以美國明尼亞波里的一家保險公司最有名。總經理雷・肯・夏伯爾對於不願他調的職員，就是採取這種手法，終於讓對方欣然的說出ＯＫ，同意調職。

「今天天氣很好。」

「嗯！」

「春天好像快來了。」

「我也這麼覺得。」

「你的太太和孩子都好嗎？」

「嗯！他們都很好。」

「你已經三十五歲了吧！」

「是啊！上個月才過三十五歲生日。」

欲得對方首肯，需先讓對方說出Yes。

「你進公司已有十三年了吧！」

「對！剛滿十三年。」

以讓對方說出「Yes」的問話逐步推演，最後便將箭頭轉向重點。

「你會同意這次的調職。」

「是的，我當然很樂意說OK。」

這就是將對方慢慢引入催眠狀態的問答法，預先準備五、六個能讓對方說「Yes」的問題，而後再將主要問題提出，引導對方說「Yes」。

38 站在對方的立場說服對方

前些日子，NHK採訪組到加州，想拍攝美國幼稚園，拜託我幫個忙。我很快的找到住家附近一家幼稚園，卻在說明來意後立即被拒。園方找了很多理由搪塞，但我認為不過是表面化的拒絕。

當人們說「NO」時，本來就不帶感情，往往抹煞真正理由，埋藏真情。若企圖因此說服對方接受是白費心機，應該針對蟄伏於眾多理由中的真正情感，對症下藥，否則不易使對方說「Yes」。

於是，我試著忖度園方的真正要求是什麽？拒絕的真正理由是為何？再置身園方立場思考而得到答案。這是說服的基本方法，亦即以對方立場為出發點，找出對方的利害關係。

因此，我持著方案再度登門拜訪。

第一、所拍攝的影片將拷貝一份給園方。

第二、若無法接受第一點，我願提供八米釐攝影給園方。

我認為這影片可對教育方式提出客觀看法，作為幼師的參考資料。

第三點是他們當初最反對的理由。他們要求採訪組能提早一天到幼稚園，先行了解幼兒的生活狀況，再作取材。關於這點要求，原則上我先同意。持著這三個方案再度請求，結果園方一口就承諾了。

由於NHK採訪小組行程十分緊湊，無法提早一天做實地探查。雖然我事先做了允諾，當我再次對園方說明實情，卻得到園方的諒解。這種方法即是應用「採納」的原理，掌握不讓對方拒絕的要領。

考慮對方立場，發掘對方的欲求、情感，就是說服的基本方法。事實上，很多情況都是由於雙方各持己見，誰也不願讓步，以致成功率很低。

39 要對方同意大事項，得事先拜訪令其同意小事項

美國史丹佛大學 Freedman 與 Frier 二位心理學者，以史丹佛大學所在的巴爾阿路特市鎮的主婦們為對象，進行有趣的實驗。

首先對主婦們以電話調查進行談話。

「我是加州消費者基金會，由於要出版相關書籍，可否請你告訴我有關家電用品。」

當主婦表示ＯＫ，他即問個簡單話題「貴府所用的肥皂是那種品牌？」過了數日，再作第二次的電話訪問。

「前幾天，非常感激你接受我們的訪問，由於我們要擴大調查，這幾天將有五、六位工作人員，專程到府上作二小時的拜訪，因此麻煩貴府提供有關家電用品的資料。專人登府拜訪時，還請儘量讓他們自由參觀家中的櫥櫃、衣櫥、倉庫。」

對於第二次電話訪問，到底有幾位主婦同意？

令人驚訝竟占受訪者的五二・八％，倘若直接提出第二通電話所請求的訴說方式，同意專人受訪只占二二・二％。由此可明顯地看出差異。

這個實驗告訴我們有求於人時，若先從小事拜訪，成功率較高。亦即，先令對方接受，再漸次提高要求內容。如果一開始便獅子大開口，對方定難以接受，很容易就遭到拒絕。

同樣的實驗也在加州某鄉鎮進行。由二個小組分別推行，要求每個家庭能將「我們來美化加州吧」的宣傳看板立於庭前。

第一小組先行要求對方立起小看板，繼而要求設立更大的看板。

第二小組則在一開始即要求對方設立大看板。

結果顯示成功比率第一組占七十六％，第二組卻只占十七％。

40 以對方熟悉的慣用語使其說出「Yes」

長相不錯，但屢屢相親卻不成功的女性，在今日社會出奇的多。我也認識一位未婚女性，有次我刻意介紹一位男士給她，並在其中促使成功。

這時，我才發現何以如此漂亮的女孩，卻不受男士歡迎的原因。問題出在她的表達方式。

「我是個很叛逆的人。可能不懂女孩應有的態度，不懂世事。或許我還不夠成熟，對看不順眼的人，會認為他的行為不符合社交性而起反感。我能適應形形色色的人，我會依男性的表現態度，做適當的應付。」

這種說法，聽到的人難保不會打退堂鼓。她的語意表現激烈，從字面看很容易理解，但聽起來卻不順耳，甚至錯覺對方誠意不夠。我認為她應該這麼說較好。

「我很容易產生反抗心。我不知身為女孩該表現什麼態度較好，這可能就是我還長不大的原因吧。當我看到不大順眼的人，想到對方不善與人交際，便感到不舒服。我還能適應各種環境……」

同樣的內容，由於表達的不同，給人的感覺有相當大的差異。當與陌生人或上司說話時，容易表現緊張，而以鮮用難解的語句來表達，可能是自我保護的方法。不過，往往令人難以接受，反而會使對方缺乏信賴感和親近感。

特別是推銷員，絕對避免使用這類用詞。因為顧客本來就想說「不」，這時你又不斷的說些似是而非的話，更會使得對方封閉心扉。

前美總統杜魯門的秘書官Gale Salivam說：「人買商品不如先買言語，如果說出不合時宜的話，那一切都談不攏了。也就是說，大事件要以簡而易解的話表達。……最近，某雜誌記者報導『蘇聯是個非妥性的國家』，如果他改寫為『蘇聯是個頑固不冥的國家』，反而容易讓人理解。」

因此可知，秘書官的這番話意味深遠。

41 表示與對方同一集團，易使對方接受自己的話

下列三種說法，你認為何種最為人接受？

(1)做功課。

(2)請做功課。

(3)我們一起做功課。

相信大部分的人都會選擇(3)，為什麼(3)的說法最不被排斥？可能很少人仔細推敲過。只要將這三種說法作個分析，即可明瞭。

(1)的說法，可能是派作業的老師或經常對子女嘮叨不休的媽媽。對於具反抗的孩子，作母親的就會請求似的，以(2)來表達。至於(3)，通常是對作業感到困擾的同學提出的要求。

從以上分析可知，最不受排斥、最為同意的方法，就是和自己處境相似的人。對於老師或母親，感覺上和被要求者並不屬於同條戰線。

這情形根據專家的說法，前者是 ingroup（集團內）的人，會有較大的效果。後者為 out group（集團外）。

強調是兄弟關係較易獲致對方承認

其實，即使不屬於 in group，也可藉此法讓對方產生 in group 的印象，提高說服效果。以目前的交通整頓而言，其採用的標語，幾乎都是循此形式表達。

我曾購置一幢避暑別墅，賣主一再的請我將這幢房屋的好處介紹給親朋好友。這表示他具有相當的經驗，懂得利用客戶為他招攬生意，產生莫大的效果。

42 讓對方深具優越感的建議較有效

美國人際關係理論權威J．F．Meata 博士，在「推銷管理」雜誌上強調，應多多對人事管理員作人際關係重要性的在職教育。

某著名的麵包製造公司勞動管理負責人，在閱讀這篇報導後，要求 Meata 到該公司一趟。該公司過去曾打發好幾位所謂的專家。

當 Meata 到達公司後，立即被引見給總經理，並做了簡介。總經理突然問他：「請問你到底能為我們公司做些什麼？」

博士很慎重的回答：「我不大了解……但是我想先聽聽董事們的意見，或許較好……」聽了回答後，總經理即刻決定：「我明白你的意思，就這樣說定，麻煩你做指導。」

洽談不過二、三分鐘，博士便獲致此後三年到該公司做教育講座的機會。何以總經理如此速戰速決，請求博士講座？正是由於博士所說的「我不大了解」一句話。

至於過去登門的專家，何以都不被獲用？都是他們一開始便自信滿滿的誇耀自己多有能力，使得總經理心生厭煩所致。

此後，博士每以「我不大了解」作為與人對話的開場白，而且這種開場白對大公司格外有效。

這個故事所代表的含意是什麼？簡單一句「我不大了解」，既能滿足對方的優越意識，同時又表示自己的謙沖自牧，這種雙重效果。

即使對方是已在社會上奠立穩健地位的企業家、政治家、學者，也可以採用這種方法。先肯定對方的社會地位，再說些尊重的言詞，定會受其歡迎，令其心安「他不是敢在太歲爺上動土的人」。

而「我不大了解」這句話，同樣具有刺激對方優越感的效用。

我認識一位地方上的政治家，當他想和中央級政治界大人物交談時，總以「就我來說，不大了解……」、「也許我誇大其實……」作為慣用開場白。我問他為何要說這些話？他說是無意中使用，由於上司很高興，所以才一直採取這種戰略。

43 使用比較級的形容詞，對方將樂於表示自己所期望的

美國著名的廣告案策劃者E・Hoiler，接受紅十字會及其他募捐基金財團法人的委託，策劃高難度的廣告文案。藉著家庭訪問或電話受訪，使對方立即同意贊助。

過去募捐基金的廣告文案，大多採用「請閣下今年也對我們捐些款項吧！」如果對方說「不」，也就不了了之。

Hoiler 則提出「你今年能捐出更多的錢嗎？」為廣告文案。

看到的人也許過去未曾捐過一毛錢，卻由於這句認定對方去年已捐出或多或少的錢，滿足其自尊心而掏腰包。

一旦人對自己的自尊心有了滿足感，就不易說出「不」。Hoiler正是利用這種心理作戰，以「你能捐出更多」作為文案。亦即採用「比較級」的形容詞而產生宏大效果。

我曾對美國廣告作過一般調查，到底何種形容詞是最常被使用。

我收集各類雜誌約一百本，專對廣告詞中的形容詞作抽樣研究，並加以探討形容詞型態。最後，我發覺都具有採用比較級形容詞的共通性質。例如：

「這本連載小說，可以使你有更正確的認識。」

「××口紅，將使妳更具媚力。」

「××公司的冰箱，將為你家帶來更高格調的生活品質。」

英文文法上的比較級，通常加個than將二種事物互作比較。但這些廣告文案省略比較的對象，暗示承認消費者在理想狀態下，可更精進，亦即採用「比較級」的目的。

如消費者感到被承認「有正確的認識」、「更具媚力感」或「已提升生活品質」，而感到自尊心十足。比較級的形容詞就是先滿足對方的自尊心，繼而鼓吹使用產品後，有更上一層樓的魔力。

是以，當人們聽到某種比較級的形容詞，對目前狀態會有蠻不錯的滿足感。同時，相信能夠追求更多更高的自尊心而說出「Yes」，於是就會有捐款、購買高級品的行為。

44反覆使用「人」「男」「女」的說法，可麻痺知覺反應

「後悔也是寶貴的人生經驗。該後悔時就盡情後悔吧！後悔是促使人更成長的養分。跌倒了再站起來，即使曾在後悔時，下定決心不再犯錯，然而還是會再跌倒。越挫越奮，才是人中之人，每經過一次的悔意後，你才能成為更成熟的人，對事物的看法也更為深入，而成為更具媚力的人。我很贊同懂得後悔的人，尤其喜歡這類型的女性。」

日本作家市川三郎說，女性最感悲哀的一句話是：「我經常做後悔的事。」能夠說服慰藉常後悔的女孩，正是開頭那段話。也許你會認為說這些話的人，是個花言巧語的公子哥兒。

在這段話中，你不難發現反覆六次使用「人」這字，這種方法具有使對方毫無反抗就同意的效用。

如果用不明確的稱呼法稱任何人，並反覆使用，將使對方的知覺反應遲鈍。例如，將人、女、男、年輕人、青年、老人、大人、小孩或都市人、鄉下人、資本家、勞動者等字眼，在交談中錯綜使用，對方會錯覺自己不屬其中一員，而不會有激動的反應。

反覆用不明確的稱呼語稱呼，可麻痺對方的知覺反應。

因此，儘管自己屬這「類」稱呼，但由於反覆稱呼的對象不明確，無形中解除心理上的武裝，自然很快就同意對方的意見。

馬克斯主義的資本家和勞動者，基督教「迷失的小羊」以及佛教的「衆生」等，都可說是利用這種催眠效果。

就連長一輩的人責備兒孫時，也是反覆採用「最近的年輕人……」而收效。

45 提稱語「那」，具有使對方全然了解事情的印象

「這就是那卷說『壞話』的錄音帶。」

「她和媽媽一同哭泣的那個聲音，猶在耳畔。」

「那位姊姊自殺未遂，為什麼？」

「那××女士的離婚談判，陷入膠著中。」

這些話最近在女性週刊雜誌常被刊登。本來不知道的事，由於「那」字的使用，予人似乎以前就知道的錯覺，實在不可思議。

提稱語「那」，似乎是傳訊者與受訊者的橋樑，引導受訊者進入傳訊者的世界，無形中，使受訊者不生抵抗的同意。

心理學上稱為 semantic differontial 語意鑑別。由於不能對特定的記號或概念，有定量的或客觀的研究判斷，所以只有採用這種方法。單字獨體原本並不具特別的「意義」，但是至少會給人某些印象。

例如，「啊」可代表本人以外有記憶或無記憶的萬物，及共通知覺的印象反應。從這層意義

來看，無怪乎女性週刊雜誌裡，常用「那」誘導情感，以引起讀者的共鳴。

某家食品製造商曾找我為其推出的新產品命名。我一一對五十音所能產生的效用作調查，譬如「好、壞」、「明亮、黑暗」、「漂亮、醜陋」等，使人深具印象的話，分作七階段法的評價，並對這些平均值所產生的印象展開調查工作。

最後，我決定將新產品命名為「媽媽湯」。因為我認為經由工廠推出的食品，缺乏溫暖的感覺，因此希望以富有家庭溫暖感為號召而決定命名，不幸的是基於某些因素，我的命名並未被採用。

想達到說服目的，使他人順從己意，除表達的內容以外，給人深刻印象的字句格外具相當效果。「那部車是你一直想買的」，這種表達方式，將使人錯覺長久以來就一直盼望著，即使他從沒等待過，這就是語言的魔力。

46 要化敵為友，須先承認自己的錯誤

因美國獨立運動而活躍政壇的政治家福蘭克林，具有化敵為友的天份。

費城憲法制定會議上，對於美國憲法解釋呈現熱烈討論氣氛。會議一直白熱化的進行，甚至轉向人身攻擊。他基於平息激動場合，緩和氣氛，以便完成制憲工作的前提下，起立向與會人士致詞。

「老實說，我對憲法不表全面贊同，但是，我也沒有絕對的信心說不贊同。直到今天，即使我得到好的情報，並且慎重考慮，結果有時也不得不否定原意。任何重要的問題也是如此，原以為判斷正確，結果卻經常發現自己的想法有偏差。……各位列席今天的會議，在細節方面可能意見紛陳，但希望各位跟我一樣，相信沒有完美無缺的人，共同贊成簽署憲法案。」

他那平易近人的演說，結果使得美國憲法順利催生，成為世界第一部民主憲法。

福蘭克林演說的成功秘訣，在於「可能源自我的錯誤」的坦率承認，才得以化敵為友。這在行動科學上稱之為「相互作用影響制度（inter action influence system）」，也就是一種移情作用。

福蘭克林將自己易位而處，把情感移入以確知對方的意見，並予以表達。

換言之，福蘭克林將對立者主張的意見轉換為自己的，再予以承認自己的意見可能有錯，來影響對方的主張。

這個原則，經常被應用在心理學上的實驗。

哈佛大學心理研究教授Ｐ・Ａ・Solokin，為改善一群互看不順眼的關係，將之區分為男女一組。叮嚀其中一人，要以和善的眼光看對方，表示友好的態度。另一個未經指示的學生，也能自然而然的表現友好關係的，成功率占70～85％。

由此可知，「可能我做錯了……」的說法，無疑是在對方堅牢的防禦之牆鑽洞的積極作法，達到化敵為友的目的。

47以退為進，先接受再辭退對方的要求

你有過這樣的經驗嗎？不小心把東西遺忘在朋友家，打電話希望朋友為你送回，朋友卻說：「你東西忘了帶走。若要特地跑一趟很麻煩，就由我送去，或改天你有空繞到這裡順便取回吧！」

你原本指望朋友能替你送回，但既然朋友都這麼說了，你只好說：「……過二、三天後，我一定到你那裡取回。」還兀自納悶怎麼會是這種回答。

戰爭期間，某家百貨公司也是利用人們這種莫名的心理。由於人手不足，為了減少專人送貨的服務，於是交待店員，如果認為不是很值得，就對顧客說：

「請問要由我們專程送府，還是現在就想帶回？」結果兩年內，由公司專人送府的機率減低了70％。

由這些例子可知，人們都希望自己的要求或願望為對方所接受，但同時內心也潛伏著罪惡感。因此，自己率直的要求，若遭致反對或抵制，也不以為奇。是以，預測對方的想法，並很自然的接受要求，將使對方心生異動，直說：「沒有關係，沒有關係。」而滿足我們真正想達到的目

的。

通常在大幅讓步後，我們會感到後悔，所以要避免被這類說法套牢。或者也可積極思考心理反作戰，來打退對方的要求。

又如，公司職員已對天天加班感到厭煩，但是公司希望員工能再加一天班，以便作業進度順利。於是向員工們說：

「喂！大家都很疲倦了，今天是不是早點結束回家休息。或者再加一天班呢？」

如此說時，員工就較不會對「再加一天班」有所抵制。

48 以會引起反駁的話，使持拒絕態度的人開口說話

在我擔任顧問時，最感頭痛的對象就是，一開始便對你的話不理不睬的人。換言之，這些緘口結舌的人緊閉心扉，不屑看人一眼，是相當不禮貌的拒絕態度。想使這些人開口說話，就得提出使其反駁的問題才有效。

比如，對於在公司工作效率不佳，也不太遵守上級命令的員工，說些不客氣的話：「你一定和太太處得不怎麼好。」

聽到這種和工作風馬牛不相及的家庭評價，他一定會感到被傷及自尊而生氣的否定：「那有這回事！」

這時，要趁勝追問：「你怎會說得這麼自信？」他可能因而陷入話的陷阱，老實道出心中的不滿。

起先，對方內心都充滿「ＮＯ」的聲音，因此，要善於利用「ＮＯ」引導話題，讓對方儘快把話說出。

代理聯合中心人壽保險的查理士・Ｂ・奈特，是全球保險業第一大代理。其經理是卅三歲的

以會引起反駁的話，使拒絕談話的人開口。

C・N・巴頓，對於使說「NO」造成的效果，舉了下例作說明：

「每次我與人商談時總是盡快讓對方說出『NO』，因為人人都具有反抗心，必須讓對方把心情訴之於語言。因此，我與人商談時，便預期對方說『NO』，以作為問話的開端。對推銷員而言，往往客戶的『NO』，就是答以『Yes』的機會。換言之，『Yes』有如裝在瓶子裡的葡萄酒，『NO』就是瓶塞，若不拔去瓶塞，就無法享用瓶子裡的香醇美酒了。」

49 攻心為上，可使對方說出不願說的話

美國80％以上的案件，都是參照被告的自白而作判決。在今天，被告自白式的方法，已形成一大問題。這是由於警方將被告自白警察手册外洩而引起的。

大多數的人們心理都存有可能被指「白」爲「黑」的顧慮。至於警方使用心理訊問的主要目的，在於打開被告的心扉，因為若不藉助這些原理，很難使被告說出真話。

美國警察手册寫著，要能夠接近對方生理、心理，使對方內心動搖。使內心產生動搖的方法當然很多，以下列舉幾種方法，但千萬不可用來做壞事。

「首先，要選擇毫無裝飾的房間為偵詢室。」主要是避免分散嫌犯的注意力，而能引起情緒上的紛亂作用，這是一種心理作戰方式。

「質詢者要以命令式的口吻質詢」，比如「坐下」、「看這裡」，以具權威性的質詢方法讓對方開口。

除上述方式外，也可採用「表現同情對方立場」。如果對方是個強暴婦女嫌疑犯，可以這麽表達：

「以那名女孩的實際年齡而言，她的穿著實在太暴露了。換作是我也會心動的。也許她也對你有意思。」

這種詢問方式，可能會令嫌犯產生和詢問者一條心的感覺。同時，即使明知自己的所為是犯法的，也可能認為沒什麼了不起，而一五一十的坦白說出。

如果是共犯情形，則是「告訴其中一個，同夥的已全盤招供」。這種做法需要由一個身體魁梧的刑警作「偵訊的工作」，並以一個個兒較小的刑警作「同情勸導的工作」，二人相輔相成。如此，大部分的嫌犯最後都會據實以告，承認事情始末。

這種技巧應用到日常生活上也會有效果，但切忌運用到做壞事。

第四章

讓人感到親切的作戰法

50 當自己最重要的人成為話題，會產生親近感

要讓初見面的人，或不甚了解其為人者打開心扉對你產生信賴感，首先要使他對你產生親近感。自古至今，所謂有稱頭的政治家，就是具有搔到癢處，引對方進入甕中的巧妙。

和佐騰總理實力相當，以黨人政治家聞名的故河野一郎先生，非常通達人情的微妙，並留下這麼一段軼事。

一九五九年，河野一郎前往歐洲旅遊途中，暫留紐約和華盛頓時，偶遇故友理髮店老闆米倉近。河野一郎回到飯店後，立即透過國際電話給米倉近在東京的老家。

當米倉近的太太一接起電話，他開口便說：「我是河野一郎，你先生很好。」她立即流下感激的眼淚，銘記內心。

大凡人類對於父母妻子，自己非常親近或尊敬的人，總在無意識中接收他們的態度或感情，而在他人之中尋求和自己相似的傾向。因此，當自己最親近的人成為話題，就有如被搔到癢處般的感情立即動搖。

一九三〇年代初期，軍人政治家政友會總裁田中義一到北海道游說時，當地有位穿正式和服

的大地主自歡迎行列中出列，必恭必敬的向他鞠躬致敬。

田中立刻說：「勞駕你了。你父母還好吧？」

這位大地主誠惶誠恐的答：「家父已去世了。」

田中非常親切的回答：「真是太不幸了」。

後來，田中的隨從問他：「那人是誰？」

田中回答：「我怎麼知道？」

隨從再問：「總裁不是問起那人父親？」

田中裝蒜的回答：「誰沒有父親？」

而那位大地主卻在一旁感動得落淚。

一些真心話，譬如「你媽媽今年幾歲了？」、「雙親都好嗎？」、「你的寶寶現在一定很可愛了吧？」及一些類似的問候，因時因地的在日常生活中應用，可以緩和對方的心。

51要和初見面的人拉近距離，需使用對方的語言

我經常被邀請到各類型的公司，為新進員工研習會演說。其實，任何公司的新進人員在開始出發時，都不免具有緊張感，既安靜又有禮，同時有些消極。

尤其是看到「主講·○○大學××教授，演講題目：在小集團的個性表現」中規中矩的標題，無形中更是助長緊張氣氛。

在這種情形下，我通常會做如下的開場白。

「從今天開始，各位和上司誠如社會心理學語言所說組成新的小集團。小集團就像是父母、兄弟所組成的家族，親近友人所組成的伙伴關係，以及大家都懷抱強烈歸屬意識的工作集團。假如現在各位當中有對工作場所沒有歸屬感，認為只是隨波逐流的進到公司，這種人，就如同隨風飄散的浮雲一般……。」

這時，會場呈現一片柔和的氣氛，我的演說也順利進行，最後大家非常活潑的爭相問答。

此外，NHK的「歌謠比賽」或「三首歌」節目主持人宮田輝先生，廣受日本各地的歡迎，主要是在節目進行中，定會說上幾句當地的方言。我有位朋友在京都的大學唸書，兼有家教一職

，自然也是使用京都腔調教導學童。

這些例子都是基於相同原則，獲得對方的親近。頭一個例子是使用自然語言，後二個例子則是使用方言，以具有強烈地方性的語言和人交談。

如果說方言是因地方和空間上的差異而區分的共同語言，自然語言就是區分世代和時代，屬時間性的族群語言。

人們使用共同語言，加強歸屬於相同集團或伙伴的意識，以感受親密關係。所以所謂的共同通言或通用範圍十分廣泛的語言，較難成立伙伴意識。

而某地方、某集團、某世代、某時代所共有的，伙伴間彼此相通的語言，能分隔集團內、外，而產生伙伴意識，正是所謂「入羅馬城，說羅馬語」。

52人際關係從說出對方姓名開始

從和外國人的談話中，我發覺他們都經常稱呼對方的名字，像是「Thank you Mr. Taqo」、「我太太嗓門太大了。Mr. Taqo」、「Mr. Taqo你的英語進步的很快嘛！」……「再見囉！Mr. Taqo」，為此我感到有些驚訝。

相反的，日本人在談話中常以職分或地位來稱呼，很少直喊其名。前些日子報紙登載一則新聞，某國際宴會上，日本人在上台作自我介紹時，對於所屬公司的職位報得很清楚，然而卻以微乎其微的音量把姓名帶過，有人甚至只介紹所屬公司名號。

我認為這二種人，在增進彼此親密感上的差異太大了。換言之，佬外不斷的稱呼對方姓名，能夠儘快的建立彼此間良好的人際關係。

直呼對方姓名的作法，在其他場合也能有意想不到的效果。西德某大學心理學教授H‧Skeat談到：「由於車子並不是人，所以『交通』這種游擊戰大有問題。」

他的用意是說，輪船也有長盛、Queen　Merry名稱，而汽車只有車號。是以，他建議應予汽車有代表性的名稱。

親密關係的產生，始自連續不斷的直呼對方的名字。

因為車號只重視合理性和效能，既無溫暖感也缺乏特徵。相對的，駕駛員對車子也就缺少人情味，所以會有橫衝直撞的交通大戰。

因此，任何事物都應予以命名，才能顯示個體的存在。同理，直呼對方名字，等於尊重對方是個人。

換言之，拿掉代表身分、地位的職稱的膠膜，自然能縮短彼此心理上的距離。

53 把對方當作話題主角，能獲得對方的喜愛

有二位士兵自戰場歸來，甲士兵對女友說：「獨自一人的日子，覺得好寂寞。」乙士兵則是說：「沒有妳在身邊的日子，我覺得好寂寞。」

如果你是他們的女友，會為那句話感動？我相信是後者。

思考心理學家羅里曼說：「愛就是為對方的存在感到高興，以確信自己的價值與成長；同時確信對方的價值與成長。換言之，當與對方的善意和價值建立起良好的聯繫時，自己會感到喜悅與幸福。」

這種說法可能抽象了點，其實，只要把好意與關愛表達給對方，也就能常把對方當話題主角。簡而言之，唯有常提到對方，才能有效的把思想傳達給對方。

Play Boy執筆者，以生花妙筆描繪他與女性的交往經驗而聞名。他認為能感動女性的話不外五種。

(1)「我一直猜想妳會怎麼說……。」

(2)「我一想到妳的事……。」

(3)「我贊同妳的話……。」

(4)「我一直為妳的事擔心……。」

(5)「上次遇到妳時……。」

即使沒有和對方見面，透過這五句話卻會令對方感到你一直關心著她。

上述技巧並不只限於男女關係。享譽美國的百貨大王 Wanamaker 聽到顧客抱怨店員的服務態度很差時，立即喚來店員，然而並沒有責罵他，只是說：「我一直擔心你，我相信你不會有這種態度。」該店員默然無語。他又說：「是不是你母親身體不好？還是另有其他因素？……」該店員噙著淚道歉。

Wanamaker 早就得知該店員的母親身體不好。此外，他的一番話自始至終都關心著店員，很容易喚起店員對公司的忠心。

是以，若期望獲得喜歡，就要把對方當話題主角。

54 希望和對方平起平坐，就把對方當話題主角

報紙上刊有一則啟事，社會黨黨員們半開玩笑的向成田委員長說：「不要再叫佐藤總理為『總理』了，只叫『佐藤兄』就好了。」雖然佐藤首相年事已高，稱「佐藤兄」可能不妥，但至少同事們並沒有惡意。

Rubo Righter 是個優秀的新聞記者，我曾聽說在他長達15年的記者生涯裡，每次要與政經界大人物或享有盛名的學者、作家談話時，對對方總有幾許敬畏，以致無法更深入的採訪。這時候，他就儘量以「你」來稱呼對方，如此似乎能消除對方高高在上的感覺，縮短彼此距離，隨心暢訪更多的事。

這種做法無疑是否定社會上所謂的身分、地位，但在採訪時蠻有效果。只不過，一般人也有一般人的用法。在日本，對於輩份較自己為高的人，若用「你」的稱謂會被認為有失禮節。我們是否有必要為了莫須有的稱呼，使自己顯得更卑微？

只要以「你……」的稱呼，就可消去彼此的差異，縮短距離。如此，對方就可能接受我們的一些詢問。

55 想儘快與初見面的人熱絡，要把對方專長以外的興趣當作話題

對話就如打桌球一般，儘可能和對方保持長打，雙方你來我往，從語言中使彼此心靈互相溝通。假如想找機會殺球打敗對方，只會引起對方的反攻。

要使球不落空，首先得準備能打開對方心扉的言詞，在和初次見面的人會晤以前，儘可能找出對方專業以外最感興趣的加以調查，以便做為會面的話題。

「我聽說你對○○非常喜歡，也很擅長。」

如桌球開球，故意給對方一個容易接打的球，使對方有輕鬆的心情好回答問題。所以，先以對方有興趣的話題交談，可說是語言的熱身運動。

素有銷售之神雅稱的艾布曼・荷以拉在報社從事新聞廣告工作時，曾問梅以百貨公司的董事長維伊盧巴・梅以：「你在那裡學習飛機駕駛？」梅以立即為此話題所吸引，周末，梅以董事長竟親駕自用飛機邀請荷以拉搭乘。

當然啦，在事前調查中，荷以拉便獲知梅以的興趣是駕機。他說：「假如我問梅以管理某分

店的店長是誰，或有關採購、銷售的問題，他可能會感到十分厭煩，因為這是他的正業，而駕機卻是副業。」荷以拉使用的方法，使得他的報社能在諸多競爭的報紙，刊登更多由梅以百貨公司提供的廣告。

假如不知道對方工作以外的興趣呢？這時不妨問他：「如果你現在退休或辭職不做，你最想做的是什麼？」如此，你便可以順利的打聽到。

如果他回答：「我只對工作有興趣，除此之外，沒有任何消遣。」那就從頭到尾一直談工作好了。

56 同樣的東西賦予另一名稱，可使人安心

一九七一年四月，獲選美國內華達州「一九七〇年最優秀中小企業經營者」，是體重150公斤沒沒無聞的南茜・奧斯汀。

一九七〇年五月，南茜僅以五千美元的資金，在拉斯維加斯開設肥胖女性專門服飾店，僅僅一年就成為年銷售額10萬美金的優良經營者。其成功的原因究竟何在？

其一是，採用和一般女性完全相同的服裝設計，使肥胖女性也能具自尊心的戰略。再者，是在銷售技術上打出吸引顧客的語言戰略。

通常，服裝的尺寸區分為S（小）、M（中）、L（大）、XL（特大），一般服裝店也沿用，但在南茜的店裡則一律禁止這種稱謂，改採嬌小玲瓏（十六～二〇吋）、魅力女性系列（二〇～二六・五吋）、未婚少女系列（二六・五～三二・五吋）、公爵夫人（三二・五吋以上）等名稱。

大、中、小等稱謂，感覺是代表女性身材等級的符號，使得胖女人不敢隨心所欲的採購。於是南茜重新賦予新名稱，給予顧客安心感。假如店員說：「小姐，你的身材正適合XL。」相信

這位女性以後不會再上門光顧。以法文表示未婚少女「Mademoisellel」，聽起來可能會減少抗拒心。

在南茜的服裝店，顧客能大大方方說出需要的尺寸，並以輕鬆的心情選購及商討。另外，她也特意挑選肥胖女性擔任店員，因此更能令肥胖者安心。這種稍微轉換語言的戰術，令沒沒無聞的南茜・奧斯汀於短短一年，在社會上聲名大噪。

在日本也有個衆所皆知的例子，為了拭去衛生用品陰暗的形象，採用「安妮」名稱的坂井泰子大獲成功。

最近，美國女權運動家要求採用（Ms.）來代替女性（Miss）或（Mrs.）。因為男性無論已婚與否，一律以Mr.稱呼，何以女性就有所區別？無疑是蔑視女性的表示。是以，語言實不容忽視。

57連發式的「壞話」，對方不會有疙瘩

未經思考便脫口而出「你這混蛋傢伙！」才意識糟糕的經驗可能任何人都有。如果對方因此生氣，阻礙事情的進展就必須想辦法。不過，與其辯解或說些討人喜歡的話，倒不如繼續惡言以對。

歌舞演員助六，就曾以連發式的咒罵說出：「這個蘿蔔頭、爛傢伙、混蛋……」。此外，在夏目漱石的『少爺』一書，有比此更甚的毒罵，針對山嵐的一段描寫：「這矯情做作的傢伙、騙子、賣狗皮膏藥的、濫好人、詐欺者、下三濫、像狗一般吠的傢伙。」有時候，連續的粗話反而更有魅力，令人覺得可愛而無從發脾氣。

心理學上有所謂「逆行意志的實驗」，先要受實驗者說些毫無意義的A系列發音。其次學習B系列的發音，再給予學習C系列的發音，使A系列學習再生。

分析結果表示，學習B系列發音，會抑制A系列學習效果，而有忘卻的傾向。亦即「忘卻」並不一定由時間所引起的。

同時，心理學者安達特在實驗中更加以證明，隨著系列數目的增加，會使記憶漸淡薄。此外

，史考各司和羅賓斯二位心理學者，也認為A和B的相似點越高，越容易忘卻。

由此可知，相同性質的壞話連續不斷的說下去，不會在對方心理留下疙瘩。

其實，孩子們也會在意識中說出一長串的壞話：「慧兒慧兒，全身毛，全身灰，屁股周圍一團黑。」或「笨蛋、混蛋、臭雞蛋、你媽是個王八蛋。」卻不具惡意。

有時，連發式的壞話，不僅不會使對方不快，反而具有增進彼此感情的效果。室生犀星的小說『兄妹』一書中，妹妹說哥哥是「花花公子、採花賊」，哥哥卻對妹妹說：「色情狂女、好色鬼」之類的辱罵。

可是兄妹倆不但不相互憎恨，反而更能確認兄妹之情。

58彼此價值觀不同時，站在發問者立場可避免尷尬

有次，我帶領學生到電視零件製造工廠作員工對工作場所適應性的調查。文科系的學生是第一次接觸這種流程作業，十分專注的盯著產品製作過程，卻不作調查。

「原來電視就是這麼做出來，真了不起。」

「老師，真了不起，真好看！」

學生們都顯得相當興奮。我由於經常被電機公司邀請作演講，已經看慣各種超近代化的裝備工廠，所以絲毫不以為奇。

「好啊！你們看得高興就慢慢看。」

對於不大感興趣的我，學生滿臉不悅的表情問：

「老師，你不喜歡這地方嗎？」

由於我的態度，使喜歡的同學也覺得索然無味。即使是參觀同一工廠，但價值觀因人而異，這也是理所當然的。

一般而言，「質的價值所使用的形容詞，人人不盡相同，必定會產生人際關係的龜裂。」換

言之，「了不起」這句形容詞包含的個人價值判斷，使得我和學生有了隔閡，雙方心理都有疙瘩，造成談話的「退卻結果」（dismissal effect）。

如果我不想和學生間形成鴻溝，我勢必得站在「了不起」的價值觀上繼續交談。只是，我的價值觀告訴自己無法更改。

所以若提出「『了不起』的地方在哪？」、「你最滿意的是什麼？」、「你是第一次參觀工廠嗎？」就不致於使溝通管道關閉。與人交談時，要使對方有滿足感就要接受對方的價值觀，順著價值觀使自己成為發訊者。

此外，自己在說「了不起」時，不一定就是苟同對方的看法。「了不起」，只是「對我而言」的主觀意識，倘若太過於固執己見，只會帶給對方不愉快。

59要使緘默的人開口，就把對方下意識的行為當話題

二個都不喜言談的人並肩而坐，場面定會相當尷尬。尤其是對初見面的人而言，可有使談話順利進展的妙方？那就是把對方下意識的行為當作談話話題。

假如對方只是一味的抽煙，你發現他在熄火時具某種特別的習慣，就立刻問他：「你熄火柴的動作蠻有趣的，輕輕一彈就滅了。」

看到對方在咖啡裡加二•五茶匙的砂糖，也可發問：「對不起！為什麼你要放二•五茶匙的砂糖？……」

通常面對這類問話，會使對方覺得不得不開口。被指出的小動作可能是無意識的行為，老早就不把它當一回事。

然此行為在過去的生活裡必具某種意義，這時被詢問「為什麼」時，他會突然意識到沈寂已久的「原體驗」被喚醒，而大受鼓動。

心理學上所謂「習慣」就誠如巴特洛夫所說的，條件與結果的密切關係行為，在經過一段時間後，這種關係漸漸消失，只殘留條件要素。

如果要使沈默不語的人開口，要將其下意識的行爲當作話題。

因此，像上例熄滅火柴的那一刻格外好看，然而當事人已忘了那種感覺，徒留熄火的方法。

能把對方遺忘已久的記憶再度喚起，正是使對方開口的機會。

第五章 能使人奮發的作戰法

60 扭轉對方身份，即能使之振奮而起

經常聽到上司發號司令：「我有一點事要拜託你」，部屬也很樂意的接受。同樣的，上司突如其來的一句話，也能使部屬不高興。本章將特別針對如何使人產生工作意願，使人奮發的「語言的心理戰」加以討論。

語言本身就具有社會性作用。例如，小職員升職為股長時，就會把「小的」稱謂改口為「我」；如果是總經理，就可能說出「我嘛」的語氣，否則似乎就不被尊重。

亦即當這種社會性作用的語言被扭轉時，便會深感被尊重，因而振奮而起。

美國曾有二位兄弟同時參加田納西州州長的選舉。

哥哥是以分送選民扇子、月曆，或在小孩臉頰親吻的方式，博得選民的好感。這種極富熱情的候選人印象的建立，當然十分成功。

弟弟也不落俗套。每當他發表政見前，一定先摸摸口袋，然後問在場的人：「有誰願意賜給我一根煙嗎？」

結果，反而是弟弟在競選中旗開得勝。就選民的心態而言，能將東西給一位偉大的政治家，

是何等榮耀的事，是以，弟弟獲狂熱支持。

社會上低階層的人，對高階層的人總是懷著卑劣的地位意識，弟弟的祈求，具有把高階層的人降至低階層的意味。

這種關係的轉化，自然能扭轉選民內心的對立感，使心生感動。

類似作法，也可促使工作場合人際間的關係順利。工作氣氛惡化的原因之一，即是上司趾高氣昂的態度，所表現出來的「語言作用」。

上司的命令不能被有效的達成，或令人心生抗拒態度，幾乎都是「語言的作用」產生的疑問。只要轉化「語言作用」，也就能將人際關係的阻礙一掃而空。

例如，對男性部屬發令時，必先說：「我要拜託你一件事。」再將內容說出。雖然只是簡單一句，但若經常在日常中使用，具有使倦怠的職員發憤圖強，或安撫具反抗心的職員之作用，不可謂不神奇。

當人的卑微意識轉為優越感時，就會感到意氣昂揚，正是轉化「語言作用」的功效。

61 反覆使用「簡單言語」，可使對方產生工作意願

曾獲得芥川賞獎，三十八歲即辭世的日本名作家柏原兵三先生，每每感到工作意願低落時，就在夜深闃寂時打開二樓的窗戶，朝外反覆三次大聲叫喊：「我是個天才！」這是自我暗示、自我勉勵的作法，若運用在他人身上，也就相當於暗示他人。

暗示，可分為直接和間接二種。所謂暗示，一般都以為在不讓對方察覺自己的意圖下，使對方活躍的方法。

然而，使用簡單明確的語言，反覆直接的暗示，也有意想不到的效果。

也許一開始就被對方臆測中自己的意圖，而不理不睬。但是，只要反覆使用簡易語言，多少會影響對方心境。

有一種語言學習錄音帶，就是利用此種暗示性語言。這種錄音帶都是針對國中二、三年級或高中生設計的，其特色在於課程開頭，藉由一位大學生說出：「我是今年剛考進××大學的○○，只花二個月的時間聽錄音帶，我就完全學好語言。」

「二個月就完全學好」，多簡潔的一句話。一般人對於從第一課到二十課反覆不斷的這句話

大家都喜歡你

反覆使用「簡單的話」，可使人產生工作意願。

，也許感到不勝其煩，認為該學生是在誇耀自己的學習能力很強。

然而，就該錄音帶業者的說法，連續聽十次以上的使用者，不但不會對這句話反感，反而會受其影響，認為自己也能以二個月的時間完成學習。換言之，就是提升他們的學習意願。

若要勉勵工作意願消沉的部屬，要注意反覆用簡潔有力的話鼓舞他，使他產生自信心，繼而奮發不懈，努力工作；相對的，也要以同樣簡潔有力的話作答覆。

62 疑問語氣比命令口吻更能使人奮發

日本皇室的攝影師熊谷辰夫提起，他對美智子王妃的言詞技巧深感佩服，那是始自他要為殿子浩宮拍照時的一段插曲。

由於地方狹小，攝影機的設置只有一個特定位置，為了使焦距抓住小孩彈琴的姿勢，他忖度什麼機會拍攝較為妥當。

這時，美智子王妃對小孩說：「你會不會彈低音鍵？」被抱坐在母親膝上的浩宮，很有自信的敲打低音鍵盤。

對熊谷而言，這是最好不過的拍攝機會，結果拍出極為寫真的一張上好佳作。

也許，王妃很懂得兒童心理學，是以她並不以命令的口吻說：「你彈彈低音鍵！」

心理學家滝沢武久說，小孩子都是認為有必要讓對方「知道」時，才會開口。換言之，小孩的談話具相當濃厚的情感色彩，因此小孩常以命令式的口氣說話。

由此可看出，命令口氣可說是人際關係交通的通行道。然而，以命令口氣促使小孩有所行為，卻是下下之策。

大人以命令口吻支使小孩「知道」，往往會造成小孩的反抗或怒意。對於這些口吻，小孩也總以：「我知道啦！」、「討厭！」、「說完了沒？」諸如此類的話反駁。是以，美智子王妃可說十分了解孩童的心理，故用疑問語句的形式誘導浩宮彈琴。

這種心態不僅在小孩身上會有，如果要誘導部屬的判斷思考，並使其奮發向上，也不可採用命令式，需代以疑問型式，使對方心生好感才不會有所牴觸。若以「……你這麼做如何？」壓廹式的疑問語句，只會使對方產生反抗、不快的心理。

當然，這類疑問語句都是在熟知對方的情形下，才得以生效。此外，突如其來的質問，效果倍增。因此，王妃可說是出類拔萃的心理學者。

63溫婉感化作用的言語可使人奮發

擔任NHK電視評審「你所喜愛的音樂」節目的作曲家高木東六，他的評審方法獨樹一格。通常，他一定採取以下三段為講評：

第一階段（稱讚）「你唱得非常好。」

第二階段（批評）「不過，如果你能在第三小節的地方再改進一點，那就更好了。」說完，他便試範演唱一次。

第三階段（激勵）「你已經相當不錯，希望你能再努力。」

幾乎所有參加的演唱者都能盡興而歸。一般人，只要獲知自己所作的詞曲經歌星演唱，便雀躍不已，何況是被一位名作曲家讚揚，高興自是不在話下。高木的一番講評，不僅使人沒有挫折感，同時，成功的受到多人的喜愛。

高木的講評就是採用感化＝批評＝感化的說服方式。亦即，在他嚴厲冷酷的批評前後都有溫暖感人的言語，使「被說服者」不致心生抗拒，反而產生「再努力試試看」的砥礪作用，重新出發。換言之，他的評語反倒使「被說服者」為轉化的目標而努力，這種方法相當於「糖衣話法」

。

走筆至此，突然想起有關江戶幕府時，總管本多正信的故事。慶長年間初期，市井上經常有人被殘殺致死，百姓都深感恐慌。經過調查顯示，犯人可能是血氣方剛的旗本組員。本多正信獲知後，就召集江戶城內的旗本組員們。

「主公對旗本八萬旗兵過去在三河所立的汗馬功績，現在可能要失望嘆氣了。(1)」

「本多先生，這話什麼意思？」

「最近在江戶市井所發生的殺人案件，一直未能水落石出(2)。所以，他感到十分失望。(3)」

自這話說完的當天起，殺人案件便不再發生了。他的一番話無疑具有感化(1)↓批評(2)↓感化(3)的作用。

事實上，感化方式也不是隨意生效，有時還需具有包裹苦味的糖衣，才得以奏效。

64 幹勁是承認對方力量、指示更高目標

有一則實事，是在柏林奧運會游泳比賽勇奪頭魁的日本選手前畑秀子，奮鬥背後的一段小插曲。

柏林奧運會前四年的洛杉磯奧運會，年僅十八歲的前畑秀子，齊集日人希望於一身代表參加，僅以〇・一秒的差距敗給澳洲選手獲得銀牌。後來，在慶祝會席上，當時的東京市長永田秀次郎和前畑選手做了一次交談。

「你獲得第二名，感到高興嗎？」

「當然，我連做夢都沒想過會得銀牌，我甚至打破在日本創造的新記錄六秒之多……。」

「是嗎？難道你不覺得遺憾嗎？我認為你應該感到不服氣，你只是〇・一秒的差距，你有縮短六秒的實力，為什麼你不突破成七秒？如此就可拿金牌了！如何？是否在柏林奧運會改寫記錄？這次相反的以〇・一秒差距贏得金牌。」

據說原已決心隱退的前畑選手，被這幾句話打消念頭，決心向〇・一秒挑戰。因此，才能在柏林奧運會獲得全日人夢寐以求的金牌。

幹勁是自提示具體目標誕生。

所以，要提起他人的幹勁，最好不要將自己的判斷壓制對方，而讓其有意向更高目標前進。

在充分承認對方的實力後，再說：「以你的能力，這件事絕無問題。」這是點燃對方幹勁的引爆劑。

永田秀次郎並非不知道對游泳選手而言，縮短〇・一秒是如何困難的事。但是他予以否定，讓前畑選手認為「我不會達不到」，終於激發她再向難關挑戰。

65 客觀地觀察他人行為，啟發其自我反省

評論家丸岡秀子小姐，在「PHP」雜誌裡談到，她總是對於「連接心靈的語言」抱著很大的興趣。

至今仍深刻留在丸岡腦海裡，並給予不少影響的是小學時，級任老師在指責她後，必定加上一句「老師並沒有教你成為這樣的孩子」。

當然，這句話是代替「不要做這種事」的禁止語句。

一般人對於禁止或命令的話，總有⑴反抗⑵機械式的服從⑶逃避三種反應，因此很難自我反省，主動改進。

但是像丸岡的恩師，首先把孩子們的問題行為，假託是老師本身的問題說出，讓學生有機會客觀的觀察自己的行為。

人們唯有站在客觀立場環視，才能冷靜的批評所做所為，進而自動自發的克制自己的行為，改進自己的行為。

丸岡小姐受了這句話的影響，在責備孩子時也常說：「媽媽並沒有教你這麼做！」她又說：

「做母親的我本身也嚴以律己，同時培養孩子正視自己的問題，訓練其思考能力。」

這種方法可立即應用在各場合；譬如，妻子欲更正先生的不良品行，不必嘮嘮叨叨的說些使丈夫生氣或焦急的話，只消說：「我想我所愛的人不會是那種人」即可。

此外，對工作效率差的員工說：「或許我的指導方法不好，我並不想讓你成為這模樣。」或是對難以指使的傭人說：「我們家沒有這樣教你嗎？」等等，因應的例子俯拾即是。

但須注意的是，這種方法可能使受訊者認為對方在挖苦或諷刺他。因此，尤其是對於親密的人需先說上一番道理再運用此法；否則，不僅無法使對方心悅誠服的反省，甚至可能造成絕交的結果。

66 給人勇氣時，要重複悲觀→樂觀順序的語句

經過一番爭論後，終究和朋友把手言歡，話別時，留下的將只是快樂的回憶，不會記取激烈的爭論。

以同樣的原理說服因失敗而灰心的人，獲致成功的情形有不少。

每年大學聯考過後，經常有落榜生到我的住所，傷感一年的努力化為烏有。他們的失望感絕非我的一番言談就能消失，但至少可使他們產生「勇氣」再拚一年。

正如一般資詢中心所使用的通則，採用「結局終究什麼都好」的對應方式。只要不是頭腦簡單的人，僅說要其樂觀的話是不會使其心服口服的。

依狀況分析顯示悲觀看法是必然的，這時要極力避免以「樂觀的看法」→「悲觀看法」的說服方式，而要改採「悲觀的看法」→「樂觀的看法」方式。

譬如，「判斷那件事很困難，但是你沒有問題」，和「你沒有問題的，那件事確實很困難。」內容相同，但在心理上卻產生反效果。

這種方法，正是記憶、學習心理學所說的「殘存效果」（after effect）的應用。

勇氣始自「灰心」→「希望」周而復始的詞句。

換言之，相同內容的語言，若其結語是樂觀的，將使對方腦海殘存樂觀的看法。

任何人只要一次、二次無意識的使用此法，並且有意識的反覆挑起對方殘存的希望，便可使其產生勇氣。

67 二者擇一的語言，可使人自絕望中重新站起來

新構想的開發濫觴於數十年前美國的H・L・史蒂芬生。當年他在棒球場販賣冰淇淋、飲料，一旦球季近入尾聲生意也跟著進入死胡同，終究他失去幹勁。

某天，他拿出一張紙分為兩欄。其中一欄記錄客人少、氣候寒冷等影響生意的要素，歸納導出「關店」的結論。

另一欄則記錄掌握客人的方法等正面要素。從記錄中，他發覺與其出售冷飲，不如銷售熱食如熱咖啡或三明治。

於是立即購買麵包、香腸及燒水用的火爐，結果大舉成功，史蒂芬生為一百萬美金的生意寫下第一頁。

這就是所謂「雙值想法」（two-valued orientation）的一種。

以文字技巧而言，其賦有啟示作用，把問題單純化，只承認正與邪、善與惡、對與錯等等二面，錯導他人的判斷。

大抵事件的單純化，反而會使絕望中的人發憤圖強。故雙值的說服法易奏效。

如同在生死搏鬥的場合被廹面臨敵我單挑，為了苟活殘存，戰或逃避二者擇一的狀況，自己實在難下決定。同樣的，徘徊在絕望、失敗崖上的人，雙値式的問題處理法，將使你掌握逃離困境的機會。

以我的經驗而言，對於瀕臨倒閉的經營者、考試落榜生、妻子出走的先生、處在絕望中的人，唯有使用「現在的你只有二種選擇方法，是要自甘墮落或下定決心採取行動，你自己決定」，才是使他們自絕望深淵爬出來的有效方法。

這種類似下最後通牒的說法，很難使人說出「我要自甘墮落」，而會說出「好吧！我再幹！」

68 為「我是〇〇的人」而煩惱的人，可改說「我可能也會是〇〇的人」。

前面說過「……是……」的文章，有意想不到的陷阱在。很多人對於自己的缺點過於杞人憂人。

譬如，經常說「我是個口吃」，任何人都會相信他就是。換言之，「我是個口吃」對當事者或對他人而言，等於在無意識中承認「我在任何場合都會口吃」。對於這種人，必須使其明白「我是〇〇的人」的觀念是錯誤的。

有一個真實的例子。日本少有的「演說專家」齋藤美津子，曾對因口吃而煩惱的印尼留學生作矯正治療。

在長談二個小時後，她說：「我知道你不是個口吃的人。」

留學生神情怪異盯著她，他一直確信自己是口吃，經人這麼一說，他覺得十分疑惑。

這時齋藤美津子又說：「我發現你只是無法確切的區分舌音、齒音、清聲和濁聲，你絕對不是個口吃者。」

「但我還是認為我會口吃。」

「如果你一定要相信自己是口吃，發音時就稍微注意一下，清楚的說出來就可以。」

這位留學生豁然開朗，他說：「自從那天起，我的人生整個改觀。」這正是齋藤教這名學生知道「我自己也會口吃」。

一般來說，認為「我是○○的人」，是為「全部主義」（allness attitude），亦即百分之百的相信自己是什麼樣的人。然而，語言並非全能。在無法完全傳達事實的條件下，也就愈感煩惱究竟該在什麼時候、什麼場合來表示○○的情況。

有位年輕人到我這裡說：「我是一個很容易臉紅的人……。」他的情形正如前面所言。

因此，我問他：「你最近對那些事感到難為情？」

他一一具體說出後，發現他只有對初見面的人或長輩才會發生臉紅。所以，他並不是一個「容易臉紅的人」，應該說「我有時也會臉紅」才對。

對「我是○○的人，因此……」而感到煩憂的人，何妨採取這種原則試試看？

69 黃色笑話具有紓解性煩惱的效果

美國作家加訓‧立克曼在其著作「黃色笑話的原理」一書中，有這麼一段詼諧的話。

「人對於自己造成的快樂，或自己認為神聖的事，絕對不會把它當作玩笑來說，因為玩笑必定伴隨恐懼感和苦惱。」

在他收集的玩笑裡，有一則醫師對太太的談話。

「太太，你先生大概很風流，他的身體有異常現象。」

「風流？他絕對不會。自從結婚後，他每天晚上一定回家。」

這類玩笑是隱喻男人無意識中抱著性無能的恐懼。上述玩笑意味著夫妻間的性生活過多，當事人卻在無意間不打自招。

立克曼提到，本來說黃色笑話是男人的專長，這種隨便開開的玩笑，具有平衡自以為屬於「性無能恐懼」的作用。

此外，另有一則笑話是說，先生旅行回來，發現太太竟趁他不在時與人私通。

先生問他：「對方是誰？是不是約翰？」

太太說：「不！」

「那麽是寇克？」

「不！」

「那麽就是夏比洛了！」

「不！」

「怎麽？難道我所有的朋友都不夠資格嗎？」

此類有關偷情的笑話，則是具有自己是否同性戀者的恐懼感。對於偷腥的男人而言，最感刺激的並非征服別人的妻子，而是能夠勝過對方的丈夫。

因此，這種玩笑也意味著男與男之間的關係。

Zigmind Froit也說：「猥褻的玩笑，就是針對不好征服的女性而來，以顯男性本能的挑戰。」

開玩笑具有使精神恢復平衡的作用。特意的笑，就如黃色笑話般具有去除恐懼感的效用，故偶爾開開黃色玩笑也無傷大雅。

立克曼的著作被性問題顧問作為治療方法之一。有些顧問甚至將裡面收集的笑話一一謄在卡片上，再予以分類，分別給予恐懼性無能、同性戀及陽萎患者閱讀。

第六章

與人議論得勝的作戰法

70與其直接說服對方，不如使其說服第三者較有效

常聽到「為議論而議論」這句話，要在爭論中達到說服對方的目的是很困難的。因為總是己見——對方的反對意見——己見——反對意見，你來我往的爭論不休，只會令人更肯定唯有己見才是正確的。換言之，自己的意見只會增強對方的反駁，不僅說服無效，反而使對立關係更為顯明。

遇到上述情形，就不要繼續爭論，轉而請求對方以同一事說服第三者，反而產生效果。譬如，欲說服某不良少年，不必直接與他爭議，只要請他說服另一個阿飛即可。因為在他與阿飛爭議時，勢必會產生強烈反感，轉而為說服者立場，漸趨向自己意見。換言之，讓他成功的成為角色扮演者Role Playing，就是採用此法的目的。

例如，告訴那名不良少年，「那個人非常忤逆，常讓父母傷心落淚，你去勸他好好孝順雙親。」在他向阿飛說：「你應該孝順父母」時，就會覺得自己也被說服了。

當然，所謂的阿飛是事先串通好的，再找一位搭唱也無妨，如此便能在不良少年身上產生莫大說服效果。

要說服他人，應使對方站在說服者立場說服第三者。

由此可知，對於不易苟同自己或意見對峙的情況，與其針鋒相對，不如要他說服第三者，較容易使對方和自己的意見相謀合。

總而言之，要在爭議上戰勝對方，不妨應用前述不良少年的例子，十分有效。

71 數字或言語上的「單數」利用，較易受人信賴

太陽銀行分行的土田正男是企業診斷專家，他總是憑數字來判斷對方的信用度。在他的往來客戶裡，曾經有位經營藥局的Y先生，到銀行申請「九十一萬日幣的銀行貸款」。

土田正男對於九十「一」特別感興趣，於是問經辦人：「他為什麼不借一百萬？」

經辦人回答：「Y先生說只要九十一萬就夠了，多借要多付息，而且銀行有銀行的立場，所以只要九十一萬。」

固執的Y先生堅持這個數目不願多借。土田正男聽後，立即予以批准，正是由於奇數九十一萬，使他信任此人。

事實上，Y先生是否故意塡寫奇數並不淸楚，但的確具強調「眞實感」的作用，令人容易信賴。

諸如此例不勝枚舉。又如一般香皂廣告都使用最高級、絕對、最好等字眼，但是著名的Luoii香皂反而以「純度九九・四四%」保守、不誇張、強調眞實的廣告方式，奪得機先。採用九九・四四%而不用九九%的宣傳方式，自有其可取之處。

因為消費者一般不會計較小數點以下的數字，但小數點以下的數字，卻可表示經過嚴密科學驗證，使得消費者認同可靠性。

大衆傳播過程說明者D・J・柏拉斯頓說過，印象第一條件是，使人感到「看起來是真的」，然後再加上「具有神效的印象，令人容易信賴」。例如，芝加哥大學的廣告宣傳就不採用「全美最佳學府」，令人懷疑的宣傳語；而打出「不是最佳學府……但對當地而言卻是最好的」。以退為進的姿態作宣傳，使得人們信以為真。

諸如此類的表示方式，都是利用「單數語言」的作用。是以，採用最佳最優的廣告詞，倒不如訴求突顯的數字型表現較好。更可使得內容或語言本身，得到他人的信任。其次，與人爭議時，若在言談中使用突兀的語句，將不失為強而有力的武器。

72使用數字遊戲，可使對方相信談話的真實性

最近劫機事件層出不窮，由於我經常利用飛機旅行演講，因此對航空公司的職員說：「又來一次劫機的話就糟了，以後我得改乘汽車。」

他聽到我這麼說，笑著回答：「先生，你不要說得那麼可怕，劫機或然率也不過是百萬分之一罷了，就如同彩券的中獎機率一般。」

我不客氣的說：「彩券也有中獎的時候。」

他更有自信了：「這麼說，先生由你來劫機如何?同一架飛機有二組劫機者的機率只有十億分之一。」

後來，他向我解釋為了掃除客人的不安，只有利用數字遊戲才能收到好效果。這就是航空公司的心理作戰法。

的確，大多數的人們都會相信資料表面的數字。

追溯數年前美國專以「市場調查」為業務的公司，有三五〇家以上；一般公司內設調查部門的也超過一千以上。因此可證明數字的作用。

英國政治家里茲雷利對於信任表面數字諷刺的說：「謊言有三類，一為一般謊言，其次是能為人視破的謊言，再者是統計數字的謊言。」

即使不是偽造的，只要是以統計數字型態表示的，通常人們對其信賴度會很高。我只要在演說中察覺聽衆似乎沒什麼反應時，就會利用「數字刺激」。每每使得原本無精打采的聽衆，突然正襟危坐精神奕奕的聽講。

因此，我建議對於沒有把握議論勝利者，在言詞中至少排列10種以上的統計數字，並指出出處，如此對於舌辯十分有效。

這種數字力量屬於「威光效用」的一種，然而不止是數字才有效。對生意人而言，數字自然較有效果；若對方是基督徒，則以聖經寶言較易達到效果。

換言之，威光效果因人而異，需先了解對方對那些具絕對信賴，再將其溶入言談中，如此對方會絕對信賴其原就十分贊同的內容，手舉白旗的離去。

73 化解爭論時，以其人之道還治其人之身

在人生旅程上經常會為芝麻綠豆大的事大發爭辯。若有這種情形，不妨參考下列的「壞例」，再以其人之道還治其人之身。

例如，有些學者的話，老是令人不知其所以然，就如下例所說。

「請詳細解說什麼是人性？」

「簡言之，就是人們遵守人道。」

「那麼，所謂人性的具體意義為何？」

「是神賜予人類的本質。」

「譬如什麼？」

「理性或……」

「何謂理性？」

「理性是針對感情而言。」

「難道有感情的就不屬於人性嗎？」

「不！理性和感情並存時，才是有人性的人。」

像這種問答方式，永遠也談不出結果。

因為人性、神、理性、感情等字眼，均具有高抽象度。議論所以不能產生認同感，即是答覆者常用抽象言詞解釋抽象問題，永遠在抽象漩渦中打轉。

哲學記號學上，有種語言「外在的實驗可能性」（ex-tentional verifiability）是任何人都能明白使用的。

像剛才的例子，並沒有絲毫的外在作用，只能稱作語言的遊戲。固然在「純粹數學」領域裡，可使用抽象的概念探討實物，但在日常生活中，這種說法也許會造成欺騙作用。

若與汽車推銷員發生事故，爭論是沒用的。因為他勢必馬上搬出一般人不懂的術語。使人無法抗辯。

是否真有其事另當別論，但若真的遇上了，首先須請對方諒解，再請警察或具專門知識的第三者一同解決較好。

74 為贏得爭議，要常使用抽象度低的語言

前面說過不依常態進展的議論，或純為議論而議論，甚至因此陷入抽象化思考陷阱等情形很多。可能是雙方對說話技巧不熟悉，亦即特意對字面加以爭論的情況。

為了打破僵持不下的場面，如何使對方同意自己的見解？這裡有個典型的範例可作參考，即最近引起日本全民重視的連合赤軍事件的調查方法。

連合赤軍最高幹部森恆夫刑警說到：「由於對方是革命理論家，若用議論的方式與其對簿公堂準輸無疑。要躲避對方深奧難解的話，唯有採用『快刀斬亂麻』既單純又明快的原理攻擊對手，才能出奇制勝。」

這位就是偵辦大久保清強暴殺人事件表現十分優異的警員。他不使用理論，而採取抽象度低的話引導對方承認事實，使得對方「鋼鐵般的意志」也為之鑄溶。

意味論大師S・I・早川也說：

「所謂抽象是屬於『高度』或『低度』並不重要，關鍵在於能否運用低層面度。假如有人要介紹『美國烹調法』，其說明方式要依美國餐廳、美國家庭烹飪、食物保存法，及一般家庭主婦

要贏得爭議，就要以日常用語進行交談。

作法的抽象表達順次介紹才好。」

因此可知，要擺脫抽象度的議論，就要以容易明白曉暢的言談，諸如各種厭煩的事實，或和自己較密切有關日常生活的問題，將各個具體事項一一配合抽象問題，來考慮事務及解決方法才好。

75因應他人的追查，最好引用被承認的社會實例作說明

某人從未到過國外旅行，卻撰寫海外旅行指南一書，銷路還蠻不錯的。

有人挖苦他說：「你的書受到歡迎是件好事，但你從未踏出國門，這不是等於是欺騙的行為？」

他卻理直氣壯的答稱：「什麼？以寫旅行隨記出名的高田保不也沒去過巴黎，還不是寫出巴黎觀光導遊手册。」

他一點也不以為自己的行為有錯，也許還會使對方覺得「說的好像有理……」而打退堂鼓。

是以，與人議論時，若要使其心服口服，應該列舉論理性的話來說服對方，然而對方雖可「了解」意思，但感情方面難免仍有隔閡，倘若如此，即使爭辯贏了，但就說服而言仍是失敗。故省略論理性的證明，只引用衆所皆知的實例，對方將會把自己的事例和列舉的實例互作比較，如果認為二者相似「了解」了，便不再爭論。至於剛才提到的高田保事例，做法究竟是對是錯，就不再予以置評。

作家吉屋信子年輕時，也曾引用實例反駁評議其作品的人。

當年她非常擅長寫言情小說，作品深受少女們的喜愛。然而部份人們冷漠的評論她：

「吉屋信子仍是小姑獨處，怎麼可能寫出婚後的點點滴滴？」

聽到流言蜚語的她馬上反擊：

「果真如此，是不是一定要坐過牢的作家，才能寫出有關囚牢的小說？雖然我沒有實際經驗，然而即使是實際經驗豐富的人，未必有辦法表達出那種意境，能栩栩如生的描繪才是作家的本分。」此後，再也沒有人對她有所指責。

這正是提出他人易解的例子為自己立場作說明，促使對方了解。其用意正如上述例子的原理。

76 使用「總之」「不管如何」的說法，可中止對方思緒

一九七二年三月底轟動日本的連合赤軍事件，至今仍令人納悶何以一向平凡安份的學生，會參加這種團體做激進的抗暴運動？

在報導裡記載某學生的告白，究竟什麼力量促使他拿著釘有鐵釘的木棍參予學園紛爭？源自組織領導者對他的洗禮。

「要我們拿釘有鐵釘的木棍毆打警察或反對派的學生，會不會給社會帶來任何變化？這算得上革命？……」

「你先拿一枝木棍再說。」

「如果我們被封鎖了，怎麼辦？」

「那大夥一起圍成人牆，再看情況如何！」

許多不明究裡的學生，於是糊里糊塗的加入戰列。

由這段內容可發現，領導員和對方對話時，是採用典型的中止談論、混淆思路的心理作戰。

「先拿一枝木棍……」、「大夥一起圍成人牆，再……」這些話根本沒有解釋疑慮。其作用是在

對方有所質疑時，以「總之……，然後再想辦法」的迂迴方式，企圖打消對方的追問。這些學生在實際參予行動後，也漸漸覺得堂而皇之。

所謂新興宗教的「折服」技巧，也與其互有雷同。

自然，事先闡述有關神蹟、人生、生死的論調在所難免。可是一旦遇上頑固不化的反論者，一場永無休止的爭論可能就此引發。

因此，「總之，請你抱著看看的心情來參加我們的聚會。」正是用「總之」來誘導，使對方無暇思考、無法作辯。

如果振振有詞的說教，意圖使對方「折服」，另有「不管如何」、「就這麼辦好了」的說服要領，也許對方仍置五里霧中，即使思緒被中止也不自知。

說話技巧巧妙各有不同，自己一定要自我惕勵，千萬不要上了這種障眼法的當。

77要引起對方的強烈反應，可提對方生理結構的缺陷

法國小說家艾米爾．洛拉名著『啤酒屋』一書，描繪巴黎二位洗衣婦喧聒謾罵相互抨擊。

「看什麼看！你這浪蕩淫婦！……天殺的豬八戒。最好屁股長痔瘡！」

「死女人，罵什麼！你就吃我這塊泥，看能否把你不知廉恥的污穢洗掉。有時你還真該洗洗臉！」

「你儘管放馬過來，誰怕誰！小心我把你身上的鹽份抽掉。你這人渣！豬玀！」

「再吃一杯！你該刷牙上妝了，今晚你還要到貝儂街去當應召女郎！」

這種互不講理、漫天開罵的情形，人們都有機會見識到。譬如，某駕駛員因為方向盤一時不穩，車身少許打滑，有些並列的駕駛員便會破口大罵，這時你可能會反罵回去。

要想吵贏這種低水準的謾罵，還得要有獨特的技巧。上述的駕駛員或爭吵能手的年輕人，也許都有還以顏色的心理準備。

對於胸襟坦盪的人而言，大抵不會計較。對血氣方剛的年輕人而言，遇此情景，不妨點出對方深感自卑之處，特別是身體方面、身分地位、能力等，不斷地率意妄言的挑釁，也許人格多少

會受影響，是以下列幾句可供參考：

(1)身體……胖子、瘸腳、塌鼻、脫腸、O型腿、雞胸、肥豬、瘦皮猴……等。

(2)身分……痴農、要飯的、遺腹子、私生子、撿破爛的、井底之蛙……等。

(3)能力……呆子、無知、音痴、烏龜、白賊七、性無能、陽萎、垃圾……等。

人們似乎集自卑感於一身，許多引人自卑的話也有分層的使用方法，可令人感到刺激、憤怒、或毫無反應。

如果故意以才能、家族、遺傳或身體等作人身攻擊，以激怒對方，將使其不易作理性判斷，而會本能的自我防衛。

78 自己的答辯超乎對方預期目標，會使其失去反駁力量

戰後擔任政界保守派的謀略，對日本首相鳩山一郎有極大貢獻的三木武吉，據說是個英雄本「色」的人。

在他生前便不斷傳出和女性有過關係。晚年時，某婦女團體代表探訪他時，說道：「三木先生，你貴為一國政治影響人物，聽說還在外頭養了二個女人！」

三木卻面不改色的說：「二個人？那會這麼少，現在需要我照料的女人有五個。」

他這種言過其實的說法，反而使來者無言以對。他之所以使對方默然，就在於說明「其實那五個女人是我年輕時的荒唐事，現在都已分手了，只不過經濟上仍然施以援助。」最初婦女團體代表是要追問他的風流韻事，卻反而為他的健談佩服不已。

戰後對勞工運動貢獻頗大的總評議長太田薰，比起三木武吉毫不遜色。有次總評旗下一個特別激進的鋼鐵勞動者指責的叫喊：

「總評的幹部沒有一個行的。」

太田大聲怒喝：「說什麼鳥話！你們知不知道美國工會並不屬於右派，他們一旦罷工，鋼鐵

工廠熔爐的火很快就會熄滅。你們只會搖旗吶喊，卻沒有使熔爐停火的本事。」

這一席話，使得那些大塊頭的工人立即啞口無語。

何以三木武吉和太田薰能使對方默然無言？所謂對話⑴要抓住對方的目的，⑵要回想自己的目的，⑶要二者加以調節循序漸進。若要使對方緘默不語，就要避免⑶的調節作用，針對說法⑴使對方認為來意已被察覺。

因為對方專為達到某種目的而來，同時期待遵循一定的對話形式進行攻詰，然而一旦自己的措辭超乎其預料之上，反將令其不知所措。運用言過其實的說法，以扭轉談話主導權的三木和太田，無疑是相當成功。

又，某女學生故意對窮追不捨的男人說：「好嘛！我們明天就去××教堂舉行婚禮，我和那教會的牧師很熟。」

她實在憎惡這位一直求婚的男人，她這麼對應後，那男的覺得不大對勁，以後就不再騷擾他了。原來，他並不是真心要結婚，女方突如其來的允諾，反而使他忐忑不安抽身而逃。

79 事先認同對方呼之欲出的話來誘導發言

欲使交涉的對方屈服，必須誘導對方談話，以便獲得有利的情報。若能事先表示贊同態度，有時發揮意想不到的效果。

播音員高橋圭三正是運用此法的個中高手，下面引述他和歌星村田英雄的一段對話。

村田：「記得我擔任ＮＨＫ專屬播音員時，發生一件趣事。有天晚上，錄製時間拖得很久，公司派車送我回家。那輛車非常高級，但我一想到要回到堀切菖蒲園那月租僅一千九百日幣的破房子，便覺得極不搭調。」

高橋：「是不能把車子停在堀切莊前。」

村田：「我坐在車裡想著總得給司機一點小費時，突然想到住家附近不是有棟很華麗的房子嗎？」

高橋：「那真是太好不過的事。」

村田：「車子開到那裡時，我馬上說就在這裡。」

高橋：「能即時說出真好。」

由以上對話可看出，高橋很會誘導對方說出自己想像的話。雖然回答簡潔，但能很快洞悉並導出對方的意思。

如果無視對話人物，會覺得是一個人的告白。因此，若能事先察覺對方的心態引導談話，對方便不致於如墜五里霧中，不知所云，而能立即循著說話的脈絡發表言論。換言之，這種說話方式會令對方錯覺沒有第二者的干擾，可隨心所欲的暢所欲言。

說話的要領在於配合對方的音調。亦即不要刻意把對方當談話對象，而要打入對方話中的含意與語氣中。

假如當初高橋是說：「你的意思是不能把車子停下。」或「那是好點子」、「是這麼說的嗎？」對方可能答以：「是」、「就是啊」，如此一來，談話就無法打成一片。

換言之，在具有存在對話者的意識下，會自然產生警戒心，因此要表明自己僅是站在聽者的立場，不致喧賓奪主，對話氣氛方得融洽。

第七章

使對方判斷錯誤的作戰法

80 愈是明白曉暢的論理，愈是隱藏陷阱

基本上語言聯繫人與人之間的感情，亦即人際關係的最大手段。它如「雙刃的劍」一般，容易誘致人們判斷錯誤。

以色列著名政治家戴陽將軍是個好色之徒。當他在耶路撒冷發表政見時，聽衆群中有人指責他生活不夠檢點，然而戴陽以其高明手腕，反阻對方的攻擊。

「將軍，我非常贊同你的主張，但是我希望你不要再玩弄女人。」

「說的也是……但你不也是一個男人嗎？」

「是啊！」

「那如果有個女人要求你愛她，你會拒絕嗎？」

「不會……。」

「這就是囉！」

這是屬於變相的三段論法，一般可能用「男人都喜歡女人，你喜歡女人，因此你是一個男人」的說法。戴陽卻反以「你是個男人」的逆向表示，使對方毫無還擊的餘地。若仔細觀察，則完全

沒有談到男人不遵守道德也無妨的論調，同時很巧妙地閃避問題的本質。

人們很容易被外表單純明快的理論所矇蔽，最後才發覺其矛盾和譎辯之處，後悔已來不及的經驗，相信誰都有過。其中尤以政治家最擅長利用人性的弱點。

譬如，欲解說相當重要的問題須明快的分析：「這問題有三個重點。第一點是……。第二點是……。第三點是……。」使聽者誤以為只有三點。

其實不然，真正關鍵所在往往在第四點而非第三點的情形極多。正由於論理明快，因此很容易便能轉移箭頭。

此外，造成判斷錯誤的策略，不會對質詢或疑慮作正面答覆，而會以慎重其事的態度說出「要進入這個問題之前……」，令人覺得他將解釋相關問題，結果卻說些無關痛癢的話。

這種「進入本題之前……」的說法，正是誤導判斷的策略。

81 不置可否的話會使對方產生誤解或偏見

若聽人說到：「你是日本人，所以要依日本人的想法行事。」你可能不會懷疑，輕易地就接受。但是繼而一想，「日本人的想法」無疑是不置可否的說法。

因為以自己的觀點詮釋「日本人的想法」，和對方「日本人的想法」全然不同的情形頗多。因此，難免不會發生誤解或偏見。

為避免產生誤解或偏見，最好先加以察覺可能會被誤解的含意。專門研究語言或記號對人們的反應情形，一般意味論的鼻祖A・科布斯基說過：「單純的把現實和語言視為同一內容是造成混亂或糾葛的起因。」他舉例說明：

Falling in love is wonderful in every way.（戀愛使一切美好）這首古老的歌詞，若以意味論正確表示即Fallings in love3 are wonderful in great many ways. 由於：

(1)戀愛可能在不同的狀況下產生，所以應該採用複數型的fallings.。

(2)love的含意，可分為對神的愛（love1）、對國家的愛（love2）、男女間的愛（love3），所以戀愛要用love3才對。

表示方法。

⑶表示一切事項是絕不可能的，故泰半情形應以「in a great many ways.」才是正確的表示方法。

諸如此類，要以非常正確的方式表達極困難，一不小心就可能鑄成大錯。美國史上副總統A-ngew經常失言，偶而會強烈抨擊大衆傳播界。有次他大發厥詞的指責：「現在的傳播媒介經常說出反政府的議論，真是不像話。」

對這件事首先反駁的是「時代」雜誌的H・Brunwalt，由辭典中可了解 media 媒體是屬於複數，而單數則是 medium 媒介物。媒體包括新聞、雜誌、電視、廣播等，這類有所區別的字義若不加以了解，而把 media 當單數名詞使用，就會造成人們的誤解。這正是Brunwalt的主張。假如把 Angew 的字義作解釋，那就是「大衆傳播都是不聽話的人」。因此，日常生活中自以為無關緊要的話，若能依照Corgibskee的分析方法，便能了解易導致錯誤或偏見的原因所在。

82「先入為主」的印象灌輸，可改變對方的判斷

你是否確信對於事物的判斷全由自己論定？

下面所要介紹的是，日本首先主張面談技術的成城大學教授堀川直義列舉的有趣實驗。有位優秀的政治採訪記者就輕易落入堀川所設計的圈套裡。

實驗首先集合數位優秀記者，事先觀看堀川和幾位政治家會見的情況，再靜觀其將如何報導政治家所發表的意見。自然，事先已與政治家們溝通好，實驗的目的在於測試這些優秀的記者們什麼樣的判斷。

首先對保守派及革新派的政治家提出九項質詢，令保守派發表保守意見，革新派發表革新意見；而後再提出十項有關重整軍備的質詢，令二派都陳述中立意見。

最後集合這些優秀記者，針對後來的質問作報導，結果發現報導內容卻是保守派的政治家贊成重整軍備，革新派的都持反對意見。

這種現象是由於最初九項質詢的用意造成的。在這些優秀記者群的腦中，已存著保守派都會持保守意見，而革新派持革新意見，亦即事先建立「先入為主」的觀念，是以造成他們做了錯誤

「先入爲主」的印象灌輸，可使對方判斷錯誤。

判斷的報導。

其實，我們有時也受到他人的印象灌輸，而對某些事誤下判斷。

反之，完全受他人影響而下決策，卻完全確定的事情也常有。

83「謠言」越大，人們愈相信

二次大戰期間的一九四三年五月，日本從事「流言蜚語」散播方式的實驗。由於日本軍方和警視廳對大本營發表的消息無法獲致民衆信任而深感頭痛，為了研究「流言蜚語」的傳播速度和步驟而進行的實驗。

札幌火車站候車室，二位目光銳利的人正交頭接耳：「穿著紅色大衣，木製鞋子的美國人出現……」，以極其認真的表神說些荒誕不羈的話。

事實上，這二人是刑警喬裝的，故意以恰能讓周遭乘客聽到的音量，巧妙的表演。二十四小時後，「謠言」已抵達東京。

當時由東京到札幌需要二十四小時的車程。是以，當「謠言」一開始流布的瞬間，就如同以時速43公里的車速，將「謠言」傳送到東京。

本世紀最擅煽動的納粹獨裁希特勒曾留下一句名言：

「越是誇大的『謠言』，人們越是相信。」

所謂「謠言」是以特定的目的，企圖迷惑他人而進行的傳播。同時，給予對方的不安或恐懼感越強，越能使之信服。不同或恐懼感是由於無法獲得正確的情報而產生，「大謠言」的特徵正是趁人們信心動搖以達完全迷惑。

和「謠言」有相似概念的是「流言」或「傳聞」。

「流言」是沒有事實根據的對公共問題的散播；「傳聞」是相互認識的伙伴彼此間的交通，缺乏公共性。然實際上三者本質意味相同。

「流言」專家G・阿夏波特及L・波士特曼認為，流言的強度是事情的重要性和曖昧性的相乘公式。不論「謠言」也好、「流言」也罷，甚至於「傳聞」，都具有事情越大，人們越輕易相信的趨勢。

事情的大小，是指對方的關注強度，或由接觸所受影響的大小而言。

舉凡公司的人事異動或選舉，都是煽動者暗地活躍的機會。越是關注或頗具曖昧的「謠言」，越是必須小心翼翼的判斷才行，否則你就陷入煽動者的手掌中。

84 前提導向會使判斷錯誤

「講和條約生效，日本獲得獨立的日子也接近了。於是，最近有關憲法的問題意見紛陳。依你認為現在修改憲法好或是不必修改？」

「現行憲法是占領軍強制壓抑下來的，有些認為應綜合日本人的意見來修改；有些則認為無論如何，現行憲法是放棄戰爭的和平文憲，故不必修改，你認為如何？」

前者是引述一九五二年四月，日本輿論科學協會就憲法修正實施議論調查時的問卷。後者則是一九五六年二月，日本議論調查聯盟所實施的問卷調查。

結果顯示，前者問卷，贊成修正者占四〇・一%，反對者占二九・九%，無意見占二八・八%。而後者，部分修正者占三六・七%，全部修正只占六・三%，反對者一九・〇%，無意見三八・一%。

由上述數字可看出，二者「無意見」的回答居多，這是由於問卷中的強調部分，予人先入為主的混淆判斷，使人不知如何判斷是好。

亦即不解者的D・K（don't know group）增加所致。在議論調查中的用語，使用先入為主的觀念，使人們的判斷力大多因之受動搖。

有關這問題已在前述的堀川直義的實驗（面談技術）提過，此處不再贅述。對受實驗者顯示一張繪畫說：「待會會對細部問題提出質問，所以請你牢記。」堀川以這種方式質問，所得答案往往與正確解答有出入。

譬如，畫中圖案是轎車和卡車相撞，有人倒在車旁。自卡車上掉下三個行李，大樓時鐘指10點位置。給予受驗者看過後，便開始質問。

「時鐘指向幾點？」對這問題答對的較多。但若問「時鐘是顯示十時或二時？」答對者減少。若問「時鐘是指向九時或三時？」答對的更是少之又少。換言之，暗示錯誤前提，事先給予錯誤情報，就會使人判斷錯誤。

85 模稜兩可的事物，使人無法獲統一印象

假設有政治立場微妙者，批評某資深元老政治家，其政治生涯太過冗長，至今仍擔任政府要職。

一句話的不同，可能有人認爲是長年懷抱憂國志士，長走政治之道的偉大政治家。也可能有人認爲是貪戀權勢，苟且偷生的卑劣政客。

可能你也察覺到政治家的答辯大多是模稜兩可的，譬如，「這種問題正是燃眉之急的重要事件，應該愼思熟慮好好加以處理。」這究竟是指緊急的重要事件，抑或費時好好處理之事？

這類言詞都巧妙的把事物二面混為一談，藉以達到混淆判斷，迷惑他人的意圖。換言之，當人們對於同時使用複義相異的記號系統之事物，無論記憶或思考，都會因混亂而無法整合獲得統一印象。

莎士比亞戲劇『亨利四世』中，有名慣竊霍爾斯達夫，他發誓不再偷竊，然而當伙伴邀他再度行動，卻又立即同意。同夥問他怎如此信誓旦旦，他答以：「喂！哈爾，這是我的職業，好嗎？哈爾！忠於職責的人沒有罪過。」對於偷竊同時予以涵蓋進職業和罪惡的集合體系，用以欺騙對

方。
這是較為幽默的故事，但也有負面影響的事例。某報社報導參議院的一名議員「為推動更完善的政治，二度獲得最高議員獎的參議員」，有時則介紹為「左派勞工組織，伊利諾州無黨無派人氏選舉會會員的參議員」。由於二者交互報載，是以讀者對這位參議員並無畫一的形象。
經常碰到一些嘴巴嚷著要辭職，卻又拚命工作獲得佳績的業務員。這也是不讓競爭對手對自己有統一印象，企圖矇騙他人的手法。
以「煙幕彈」的障眼法詐騙他人的人，可說是很糟糕的。

86 心灰意冷的表示「沒辦法」「只好這麼做」，可能會混亂合理性判斷

日本話常用「沒辦法」、「只好這麼做」表示死心。語言心理學者築島謙三指出，這是日本人思考事物的固定型態，表現個人當時的態度。這類習慣用語可能源自於日本傳統社會，我們經常在日常生活中使用「還不是這樣子」、「沒辦法」、「怎麼抵抗也沒用」、「都是命哪」、「本來就會這樣」、「大概是緣吧」等等。

築島有本著作『讓它去』提到，這些心灰意冷的話常會妨礙合理性的判斷。

一九五三年，有位法官到理髮廳理髮，卻引發「皮夾子失竊」的騷動事件。後來找著了，他卻懷疑的指著一位女孩說：

「裡面少了五百元，是不是你偷的？」這女孩聽了十分害怕。

老板為了證明女孩是淸白的，於是告到法院。地方法院裁決「這件事就這麼算了吧」，將事情告一段落。原告、被告相偕喝酒表示圓滿解決。

這事處理過程顯得有些突兀，法院的判決果真能證明女孩的淸白嗎？答案是否定的。因為「

「心灰意冷」的表現可混亂合理的判斷。

算了吧」，已把本應爭論的事輕輕帶過，對於這種判決，人們早在不知不覺中忘了該爭取的公理。

無形中，諸多慣用語的使用，都漸漸成為對所有事物的思考方法，反使自己的判斷能力減弱。

世界各地類似的情形不少，尤其是日本人，往往由於「無可奈何的表現」，而錯失合理的判斷。

87 有自信的現在式語言，能激起對方採取行動

素有沒道德之稱的不動產仲介人員，對於想擁有屬於自己房子的人，經常施以三寸不爛之舌，運用果斷的現在式的語言，欺騙顧客以獲取暴利。

「太太，這幢房子前面路寬50米，公車直達門前。附近火車站也停靠特快車，火車站前隨時有五部計程車等候顧客使用。門前一律舖設柏油，每隔10公尺就有一盞街燈。此外，自來水、天然瓦斯皆備。冬天絕對溫暖，保證不會有蕭瑟北風吹襲。」

這套說詞完全不用過去式或未來式，甚至也沒有使用假設語句，全然很有自信的以現在式進行說服。

現在式的語言形式，很容易使對方感到新鮮感，得到良好印象。當這些印象不斷的灌輸，慢慢累積和現實重疊時，便會造成錯覺，而對事物喪失客觀判斷。

一般而言，女孩子對富有感情的話較易心軟，故要說服女孩子時，無須像仲介公司般地說出誘人的言詞，只要以現在式語句就可造成意想不到的效果。

「舉凡吃、喝、玩、賭我無所不通，無所不能。但我真的很喜歡你，雖然現在我只是個小職

員，但五年後一定會成為科長。屆時就可以買一幢房子，蓋間溫室種些你喜歡的花草。你就可以抱著小孩，坐在草坪上盡情享受日光浴。不過你一天至少要灑一次水。對了，那隻狠狗，你也要好好照顧。」

能夠說服女性的言詞，泰半都是「總有一天，我一定會使妳幸福」。

大多數女性聽了這些保證未來的話，反倒更喜歡聽到現在可能實現的未知狀態。所以，上述這些話的效果較小。

又如「我想我會成為一個好丈夫」、「我可能會成為一個好丈夫」，二者都沒有很肯定的表示，同時，主觀推測的說法可能反而造成反效果，使得對方對你產生懷疑。

因此，唯有讓對方覺得談話內容十分具體，才容易獲得其信任。

88 使對方手足無措順從己意的方法是說出洋話譯音

芥川竜之介作品『奉敎人之死』；據說是參考古典文書「立根達奧利亞」所寫的。當小說出版後，很多人極力想找這本古典文書。甚至許多家舊書攤的老闆，都以電話詢問芥川「這麼有價值的書，現在可在那裡找著？」

後來真相大白，事實上根本沒有「立根達奧利亞」這本書，充其量也是芥川的創作罷了。芥川十分得意能夠瞞過專家。究竟他有何能耐，能騙得過那麼多人？理由只有一個，「立根達奧利亞」並不屬於任何名詞，只是毫無意義的發音罷了。

大多數，日本人都具有崇洋心理，只要是以片假名表達的外來語就能令人心動。換言之，芥川是利用崇洋的心理達到促銷的目的。

目前，任何商品只要是以譯音為名銷路都較好，正是利用崇洋心理。故毫無意義具有外語意味的片假名，很容易使對方輕易的相信。

夏目漱石的『我是一隻貓』裡，有段描述小偷溜進苦沙彌先生的家。經報警後，警察問道：「被偷了什麼東西？」由於苦沙彌需塡寫報告清單，轉向太太探聽。

太太答稱：「大腰帶被偷了。」

警察問：「價值多少錢？」

「不知道。」

苦沙彌覺得很不好意思，便說：「就當它是十二·五元吧！」

太太不同意：「那有這麼便宜？」由於太太很好強，於是二人當場吵了起來。

後來，苦沙彌氣結的罵道：「妳說不知道，又說十二·五元太便宜，妳這女人真是『嗯按理認哦伯波森』（an unreasonable person）。」

太太聽後楞了一下，她從來沒有聽過這句話，苦沙彌天外飛來一筆，頓然使她忘了生氣更沒有反駁回去。事實上「嗯按理認哦伯波森」，不過是苦沙彌脫口而出的無心之言。

89 只在價錢上作比較，會使人忘了品質的比較

理髮廳櫥窗上貼有一張雙胞胎照片。其中一個寫有「使用透尼髮伏燙髮劑只需2元」，另一個則註明「使用較貴的燙髮劑要5元以上！」同時，美髮師會徵詢顧客「你要使用那種燙髮劑？如果你認為2元及5元的燙髮效果差不多，就用不著花較多的錢」。

通常人們都會選擇2元燙髮，因為他們很快就計算出，5元是2元的二・五倍，剩下的3元還可以買別的東西。

這就是目前在美國十分有效的促銷手法。自從打出這種廣告後，透尼髮伏燙髮劑的銷路奇佳。

由此可看出，人們很容易就疏忽對商品品質的比較。雖然便宜貨的品質不一定差，但在購物時，人們當然會選擇乍看幾可亂真、價格便宜的東西，而忽略品質問題。換言之，只要巧妙應用「比較心理」，就能擾亂顧客購物的標準判斷。

又如街頭擺地攤的，推銷商品時不時的吆喝「如何！這支鋼筆只要五十元，你們在百貨公司花三百元也買不到的。實實在在非常高級的鋼筆。怎麽樣，只要五十元，很值得買……」

價錢上的比較，容易使顧客忘記比較品質。

人們聽了立即盤算，五〇×六＝三〇〇，只要五十元就可買到三百元的東西，最後乖乖的掏腰包買冒牌貨。

雖然買到劣等貨不算被騙，但受製作精良的廣告所吸引，因而吃虧受騙的人卻不少。

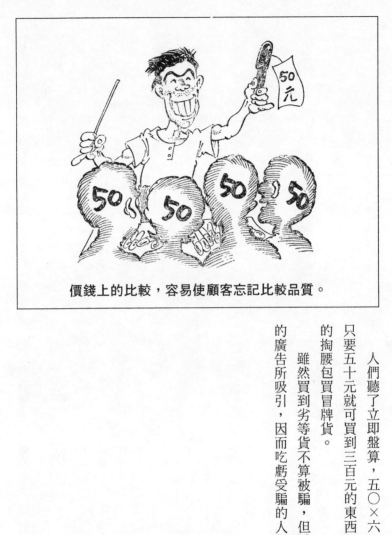

第八章 擊退討厭對象的作戰法

90「不要聽那種話」可打退對方

與不願交談的對象話家常，無疑是浪費時間的行為。但是要板起臉孔拒絕對方，需要很大的勇氣，因此本章專談如何以巧妙的言語擊退對方。

所謂厭煩的對方是指，當自己沒有意願，對方卻如同推銷員般的百般糾纏。某社區由於經常有推銷員上門叨擾，介紹百科全書、消防器材，使主婦煩不勝煩。我曾詢問主婦們打發推銷員的方法，並且提供五句說詞供她們參考。

(1)我不想聽。

(2)我不需要。

(3)太貴了！

(4)我不能買。

(5)現在家裡已有了。

推銷話術專家本厚吉博士在『話術經緯』一書提到，上述五種推辭都是無法成交的原因。由一八九人實驗結果顯示，其成功率高達七四％，亦即每四人就有三人成功的打發推銷員。

其中最具效果的，要屬(1)「我不想聽」。因為一開始就表示沒有興趣，推銷員自然無法展開「糾纏」攻勢。

上述五句推辭也可以使用於人們交談，如下例

(1)我不想聽那種話。
(2)那種話與我毫不相干。
(3)那種話太難懂了。
(4)以後再說吧！
(5)我早就知道了。

不過仍以(1)「我不想聽那種話」，不客氣的轟向對方，效果較好。對方往往會覺得自討沒趣的走開。如果對方仍喋喋不休，最後的辦法就只有緘默不語囉！

91 多說非應酬語，可擊退討厭的傢伙

我常在想，那些優秀的小說家、編劇或劇作家，簡直就是「語言的魔術師」，連我這心理學者也自嘆弗如。他們生動的描述劇中人物的心理，緊緊扣住觀衆們的心。為了發揮確實的功效，他們不斷的採用特定特性的對白。

舉個較淺顯的例子，當一個酒女要對已感厭煩的男人揮手say good-bye，定會和他閒話扯淡，通常都會說：「反正我是個酒吧女，不夠資格和你在一起。」

仔細分析這番話，可發現主要語句是沒有特別意味的副詞，如「但是」、「反正」、「總之」等，藉以疏遠人與人之間的一種「非應酬語」。諸如此類的話，不計其數。

我曾讀過散文作家楠本憲吉的文章，並且興起英雄所見略同之快感。他提到女性會引起男性嫌惡的說詞有五種：

(1)表反抗意味的「但是」。

(2)隱有自暴自棄的「反正」。

(3)「……嗎」「……就是啊」的結尾語。

常使用非應酬語——總之、但是、反正可擊退討厭的人。

(4)無限制的使用似是而非的「那個」「那件事」「你看」。

(5)極為簡略的答話「也許是吧」「可能是」「就是這樣」「以後再說吧」。

男性所感嫌惡的話，就是我所謂的非應酬語。表達方式不同，固然所含意味也不盡相同，但至少含有反抗、自暴自棄、似是而非，足以阻礙平常交談的進行。只要靈活巧用這些話，不難就此使對方知難而退。

92談話經常被打斷，會失去繼續交談的興趣

在談話中插入一句，即俗稱的「腰斬」。當人們興致勃勃的高談闊論時，若被打斷，任誰都會不高興。偶而一、二次還無所謂，如果連續被腰斬，只怕連自己都要氣折了腰，即使是相對兩無語也會深感不悅。

我認識一個老是喜歡在他人談得正起勁時，突然插上一句「雖然你這麼說，但是……」，還說些牛頭不對馬尾的話的人。

長年的交往，使我十分清楚他這壞毛病，因此我一直自顧自話。但若是初次見面或不熟悉的人，對於他的壞毛病，索性來個無言的抗議。

若要儘早結束談話，利用這種令人不悅的壞毛病，以避免對方沒完沒了的扯淡，卻蠻有效果的。

我曾聽一位太太說過，他對付強行推銷產品的推銷員之手法。當對方欲就產品細說分明時，她立即冒出一句「對不起」起身就走，過一～二分鐘再回坐，如此來回數次，便很成功的使對方無功而返。

「雖然你這麼說，但是……」和「對不起」這類插入語句不僅可使會話順利進行，也具有中斷談話的效果。以下列舉幾句值得參考利用的話

(1)打斷對方的話——「什麼，你說什麼?」、「再說一次」、「等一下」、「對不起」、「打一下岔」、「稍等」。

(2)轉換話題的話——「雖然你這麼說，但是……」、「有時候」、「你的話令我想起」、「我的說法可能和你不同」、「我要把話收回」、「我說的話與你無關」、「你說的就是這麼一回事」、「但是」、「儘管如此，然而…」。

上述這些話，表面看同意對方，實質目的卻是中斷、推翻對方的言談。對那些推銷員或絮絮不休卻無樂趣可言的傢伙，是使其不再發言的最佳藥方，比「以後再說吧！」即離席，卻使對方不快的情形要好太多。尤其是能有效的打發對方，達到解脫感。然而需注意措辭，必須在對方既不會不悅，也覺得無關緊要的原則下使用。

93 敬謂語會破壞二人間的親密關係

以持有敬意的心態與人交談是種禮貌。但是夫婦、親子及朋友間，若使用過多含有敬畏的語氣，反而具有憎恨、攻擊對方的意味。

日本家庭協調中心調停委員江間章子表示，經家協調停離婚的夫妻，經常使用過多的敬謂語。例如，先生以「這位夫人是說……」的口吻，太太則以最高敬謂語回以「這位紳士已出門了」「請用餐」「這位紳士吩咐」，相敬如「賓」。

調停委員問她：「你們吵架時，公寓管理員有沒有來排解？」

太太答以：「有啊！那位老伯來過，雖然他勸了，但卻沒用。」

從這段話可看出，過度的敬謂語會產生反效果，亦即含有相互規避、疏遠對方的意思在。

日本學者樺島忠夫也為使用敬謂語的利弊做簡述。

「敬謂語是反映對方的身分、權勢及親疏關係。是以，不貼切的敬謂語等於輕視對方。」

可想而知，有親密關係的二人，若刻意地使用敬謂語，無疑是以言談攻擊、制裁對方。家協調停離婚事件時發現，夫妻在離婚前的爭吵，都是從毫不客氣的相互謾罵，激烈憎恨的攻訐，繼

敬謂語會破壞二人間的親密關係。

而變得過份多禮的敬謂語，以表示希望成為陌路。

一旦離婚成立宛如素不相識的人，又將恢復以前和一般人交談的語氣。

94 要擊退討論對象，需趁其不備之際

人們對於他人的話，總是帶著感情應對。能令自己感到快樂的言語，自然就以愉悅的神情相待。奇怪的是，說完一番令人喜悅的話之後，即使突然插上導致生氣的說詞，也不致於會使對方不高興或發怒。

這是由於先前已營構好使對方愉快的心情，是以，對方反能以欣然的表情繼續聽；亦即對方的實際反應會和話的內容適得其反。

演藝界常利用這種方法擊退喜歡的對象。

通常他們會先說些笑話使對方高興，同時藉各種理由打斷對方的談話。我也曾聽一位樂師提起他拒絕不合理的待遇一事。

原先他打算到某夜總會的樂團工作，該夜總會的老板十分擅於討債還價，經過一番交涉後，他認為價錢太不合理了。

原本打算立即拒絕，但想起過去曾多方受夜總會的照顧，若斷然拒絕實在不盡人情。於是他先說些笑話，然後立即見風轉舵正經八百的說：

「如果我能使夜總會的生意興隆，即使奉獻生命也在所不惜。」

老板臉上仍掛著笑意，樂師立即把握機會板起臉孔說：

「你認為什麼地方好笑？我知道你是在笑我。你看扁我、不尊重我，這次的協議就此結束，我們不用再提，再見！」

他假裝十分氣憤地轉身便走，老板卻自省不該如此待他，然而為時已晚。殊不知樂師是故意利用對方的過失，以便使協議決裂。

是以，面對不喜歡的對象時，就要趁其不備的反擊，以便打退對方。若缺乏機會，不妨參考上例製造機會，先使對方興高采烈的，然後趁對方的心理準備及表情未正常化前，藉口反對，令其抽身而退。

95 擺脫不喜歡的對象，需制敵機先

日本作家永六輔說：「現代劇演員A君是個能飲之士，然而一旦喝醉了，便死纏著朋友不放，朋友一看到他，沒有不想辦法溜掉的。只要被他發現，不到深更半夜是無法脫身。」

有次永六輔到酒吧喝酒，適巧A君也在那兒買醉。永六輔自然逃不過，他心想差不多時就走開。A君責問他「你想要走？」堅決不放人。後來又有個演員小沢昭一進來。

小沢一看到A君，暗中「糟糕了！」神色不對的想溜，未料眼尖的A君已發現他，大叫「喂！小過來一起喝吧！」

突然，小沢發神經似的「A先生萬歲，A先生萬歲！」A先生和其他客人深感莫名奇妙，小沢還是邊喊「A先生萬歲」邊從門口退出。

永六輔對於小沢制敵機先，趁機逃離的良策，深感佩服不已。因此，永六輔也依樣畫葫蘆的不斷喊著「A先生萬歲」的奪門而逃，成功的擺脫糾纏。

換言之，想逃脫討厭的對方需要製造時機。以制敵機先的方式，抓住恰當時間是很重要的。

96 讓對方察覺話中有話，使其產生混亂

二次大戰期間，遭納粹追緝的K•帕拉逃到美國南加州大學專門從事語言心理學的研究。語文符號系統的形成過程，通常先有語言記號，其次有思考活動，繼而表達意義內容，這三者具有相輔相成的作用。他又提到語言的機能具有表達、訴說、解釋三階段，倘若單獨強調其中一個，將可破壞循序漸進的交談，下述就是最好說明。

美國R•C•A還是中小企業時，向同是中小企業的電子製造公司休利特帕卡多，大量採購旋轉鈕。經過長久交涉快有結論時，R•C•A的採購人員態度傲慢的說：「請在一週以內，開張繳貨保證書及保證金。」帕卡多聽了以後，不客氣的回答：「所謂保證金，並不能保證繳交的貨品管用。更何況我們公司的產品從未使用過保證書或保證金，如果你非要不可，我們的交易就免談了……。」

R•C•A採購員聽後驚訝不已，帕卡多固執的說詞反而奠定帕卡多的信用基礎。他不僅使對方愕然，同時也建立起公司產品信譽。

帕卡多的話術戰略，也可應用於日常會話中。因為語言原就意味某種定義，此外，也可引伸

讓對方察覺話中有話，使其混亂思緒。

為他種含意，引申的含意可能隱有惡意，使得對方感到進退維谷。

是以若要遠離對方的思路，就要無視於其內容的表達，刻意抓住對方話裡的尾巴加以追擊，使其表達、訴說、解釋三機能無法聯繫，便可以使其不得不同意己見。

如果對方不贊同這種論點，那又何妨就此攤牌，中斷交談。

97 不好意思當面說，自言自語即生效

日本畫家山下清將其一生拍成電影「裸體大將」，片中有段自說自話的情景深獲觀衆喝采。他之所以引起觀衆的共鳴，正因其以冷眼環視社會百態中不合理的事物，及人們醜陋的一面，假託自言自語表達出來。

也許他對驕傲、囂張異常的村長或公僕，不好正面抨擊，只好告訴自己「他們若是阿兵哥，了不起只是個二等兵罷了！」

大老遠專程拜訪某家庭，按鈴按了老半天，大聲喊叫，也不聞有人出來，於是喃喃自語：「是不是都沒人在？」這種經驗你是否有過。其實，自言自語並非以令他人確認自己現況為目的，其中可能隱藏第二者故意不作答的疑慮，而下意識以自言自語的方式，希望達到傳達己意給對方的作用。

在自言自語中，當事人不會意識到自己已將內心隱藏的想法表露無遺。因此，會話時，上意識的使用會使對方有大出意料的反應。

正如不巧和向來很討厭的男人比鄰而坐，只要二個人並排而坐，便覺得很不舒服，即使那人

正面不好談的話，以自言自語的方式較有效。

向自己說些討好的話。

如果你遇此情形，想使對方住口的有效方法就是自言自語。你必須聲東擊西，不必有特定對象，也毋須刻意同誰說，只要反覆的自言自語。

「我現在是否可以這麼說。」

「不行我到現在工作都沒作好。」

「我怎麼會立即和他交談。」

對方聽到後，便會覺得索然無味地停止說話。間接的傳達自己的想法給對方的方法頗有效，值得好好研究。

98 欲與女人斷絕關係，就說些使其難為情的話

在美國對於女性最大的侮辱即「你打嗝時有口臭」。花花公子型的男人，若想與有過一夜纏綿的女人立即斷絕往來，似乎以這句話最具效果。

一般男性對女性總是小心翼翼的說話。即使是言談鄙俗的男性，只要有女性在座也會謹慎其言。在女性面前說些淫穢的話，對女性而言，無疑是莫大的凌辱。

日本女作家圓地文子和瀨戶內晴美二人都認為，「屁股」是女人最不願聽到的話。她們一致贊同說「腿」無傷大雅，若是「胯」，則大多數女性都表厭惡。事實上，她們二人都極擅於描述床戲，卻獨獨嫌惡這兩個名詞，這種心態值得推敲。

我搭乘京濱東北線電車時，聽到一位上班族小姐和對坐的中年人閒聊。

首先，紳士問她：「你到那裡？」

「南武縣的臀手。」

「臀手？怎麼寫？」

「我不好意思說。」

欲與不喜歡的女性斷絕關係，多對其說生理方面的話。

她實在不好說明「臀手」的臀。

由上例可發現，絕對要小心避免對女性說出有關生理或身體特定部位的名稱，因為會令其感到絕望、生氣，乃至拂袖而去。

是以，若向女人說：「妳有口臭」「妳的肚子咕嚕作響」「妳放屁」，小心被認為是個人格低下的人。

99 話意和肢體表達的差距會深刻影響對方

名噪一時的花花公子，曾教我與不喜歡的女人斷絕來往的好方法。其秘訣在於——「我很喜歡你，就是喜歡你嘛！」嘴巴如塗蜜糖的說愛，但表情要顯得非常厭惡。對方看了一定會不高興，大多數的女性就是因此而自動離去。

美國推銷員話術提到「要不斷的注意肢體語言，肢體表現誇張，顧客就會忽略你的言論。」美國是世界民族的大溶爐，對於語言學不若肢體語言的研究發達。由此可知，語意和肢體表現的差距能深刻影響對方，促使對方感到不快。

想擊退討厭的對象，若究其極，要使之不悅。亦即使對方不願繼續談下去。事實上我們經常在無意識中使用語言與肢體表現的差距的戰術。

日本作家吉行淳之介對這種現象造成的不悅，作了以下的說明。

「廁所門一開，才發現有人使用的情形，真是太窘了。有次，我於飯店如廁，打開門，裡頭有個女生大叫『不！不要！』儘管那聲音聽起來並不憤怒，但我總覺得很不好過。」

這種情形肇始於內心語和既出語的衝突現象，所引發的情感激盪。換言之，嘴巴說的和內心想的背道而馳，全然是言不由衷的行為。特別是女人，對付心口不一的人，這種戰術太有效了。然而也不能任意非為，倘若動輒使用，你的為人可能會遭懷疑。而被認為是個表裡不一的偽君子，以致於原想趁此擊退厭惡傢伙的你，卻被反咬一口。

因此，戰術的應用需建立在，不怕被人誤解你的為人的前提下才是上上之策。

大展出版社有限公司　圖書目錄

地址：台北市北投區11204
致遠一路二段12巷1號
郵撥： 0166955～1

電話：(02) 8236031
8236033
傳眞：(02) 8272069

・法律專欄連載・電腦編號 58

台大法學院 法律學系／策劃
法律服務社／編著

①別讓您的權利睡著了[1]	200元
②別讓您的權利睡著了[2]	200元

・秘傳占卜系列・電腦編號 14

①手相術	淺野八郎著	150元
②人相術	淺野八郎著	150元
③西洋占星術	淺野八郎著	150元
④中國神奇占卜	淺野八郎著	150元
⑤夢判斷	淺野八郎著	150元
⑥前世、來世占卜	淺野八郎著	150元
⑦法國式血型學	淺野八郎著	150元
⑧靈感、符咒學	淺野八郎著	150元
⑨紙牌占卜學	淺野八郎著	150元
⑩ＥＳＰ超能力占卜	淺野八郎著	150元
⑪猶太數的秘術	淺野八郎著	150元
⑫新心理測驗	淺野八郎著	160元

・趣味心理講座・電腦編號 15

①性格測驗１	探索男與女	淺野八郎著	140元
②性格測驗２	透視人心奧秘	淺野八郎著	140元
③性格測驗３	發現陌生的自己	淺野八郎著	140元
④性格測驗４	發現你的真面目	淺野八郎著	140元
⑤性格測驗５	讓你們吃驚	淺野八郎著	140元
⑥性格測驗６	洞穿心理盲點	淺野八郎著	140元
⑦性格測驗７	探索對方心理	淺野八郎著	140元
⑧性格測驗８	由吃認識自己	淺野八郎著	140元
⑨性格測驗９	戀愛知多少	淺野八郎著	160元

⑩性格測驗10 由裝扮瞭解人心	淺野八郎著	140元
⑪性格測驗11 敲開內心玄機	淺野八郎著	140元
⑫性格測驗12 透視你的未來	淺野八郎著	140元
⑬血型與你的一生	淺野八郎著	160元
⑭趣味推理遊戲	淺野八郎著	160元
⑮行爲語言解析	淺野八郎著	160元

・婦幼天地・電腦編號16

①八萬人減肥成果	黃靜香譯	180元
②三分鐘減肥體操	楊鴻儒譯	150元
③窈窕淑女美髮秘訣	柯素娥譯	130元
④使妳更迷人	成 玉譯	130元
⑤女性的更年期	官舒妍編譯	160元
⑥胎內育兒法	李玉瓊編譯	150元
⑦早產兒袋鼠式護理	唐岱蘭譯	200元
⑧初次懷孕與生產	婦幼天地編譯組	180元
⑨初次育兒12個月	婦幼天地編譯組	180元
⑩斷乳食與幼兒食	婦幼天地編譯組	180元
⑪培養幼兒能力與性向	婦幼天地編譯組	180元
⑫培養幼兒創造力的玩具與遊戲	婦幼天地編譯組	180元
⑬幼兒的症狀與疾病	婦幼天地編譯組	180元
⑭腿部苗條健美法	婦幼天地編譯組	180元
⑮女性腰痛別忽視	婦幼天地編譯組	150元
⑯舒展身心體操術	李玉瓊編譯	130元
⑰三分鐘臉部體操	趙薇妮著	160元
⑱生動的笑容表情術	趙薇妮著	160元
⑲心曠神怡減肥法	川津祐介著	130元
⑳內衣使妳更美麗	陳玄茹譯	130元
㉑瑜伽美姿美容	黃靜香編著	150元
㉒高雅女性裝扮學	陳珮玲譯	180元
㉓蠶糞肌膚美顏法	坂梨秀子著	160元
㉔認識妳的身體	李玉瓊譯	160元
㉕產後恢復苗條體態	居理安・芙萊喬著	200元
㉖正確護髮美容法	山崎伊久江著	180元
㉗安琪拉美姿養生學	安琪拉蘭斯博瑞著	180元
㉘女體性醫學剖析	增田豐著	220元
㉙懷孕與生產剖析	岡部綾子著	180元
㉚斷奶後的健康育兒	東城百合子著	220元
㉛引出孩子幹勁的責罵藝術	多湖輝著	170元
㉜培養孩子獨立的藝術	多湖輝著	170元

㉝子宮肌瘤與卵巢囊腫	陳秀琳編著	180元
㉞下半身減肥法	納他夏・史達賓著	180元
㉟女性自然美容法	吳雅菁編著	180元
㊱再也不發胖	池園悅太郎著	170元
㊲生男生女控制術	中垣勝裕著	220元
㊳使妳的肌膚更亮麗	楊　皓編著	170元

・青 春 天 地・電腦編號 17

①A血型與星座	柯素娥編譯	120元
②B血型與星座	柯素娥編譯	120元
③O血型與星座	柯素娥編譯	120元
④AB血型與星座	柯素娥編譯	120元
⑤青春期性教室	呂貴嵐編譯	130元
⑥事半功倍讀書法	王毅希編譯	150元
⑦難解數學破題	宋釗宜編譯	130元
⑧速算解題技巧	宋釗宜編譯	130元
⑨小論文寫作秘訣	林顯茂編譯	120元
⑪中學生野外遊戲	熊谷康編著	120元
⑫恐怖極短篇	柯素娥編譯	130元
⑬恐怖夜話	小毛驢編譯	130元
⑭恐怖幽默短篇	小毛驢編譯	120元
⑮黑色幽默短篇	小毛驢編譯	120元
⑯靈異怪談	小毛驢編譯	130元
⑰錯覺遊戲	小毛驢編譯	130元
⑱整人遊戲	小毛驢編著	150元
⑲有趣的超常識	柯素娥編譯	130元
⑳哦！原來如此	林慶旺編譯	130元
㉑趣味競賽100種	劉名揚編譯	120元
㉒數學謎題入門	宋釗宜編譯	150元
㉓數學謎題解析	宋釗宜編譯	150元
㉔透視男女心理	林慶旺編譯	120元
㉕少女情懷的自白	李桂蘭編譯	120元
㉖由兄弟姊妹看命運	李玉瓊編譯	130元
㉗趣味的科學魔術	林慶旺編譯	150元
㉘趣味的心理實驗室	李燕玲編譯	150元
㉙愛與性心理測驗	小毛驢編譯	130元
㉚刑案推理解謎	小毛驢編譯	130元
㉛偵探常識推理	小毛驢編譯	130元
㉜偵探常識解謎	小毛驢編譯	130元
㉝偵探推理遊戲	小毛驢編譯	130元

國家圖書館出版品預行編目資料

語言的內心玄機／多湖輝著；楊鴻儒譯，——初版，——臺北市：大展，民85
面；　公分——（實用心理學講座；21）
譯自：言葉の心理作戰
ISBN 957-557-664-0（平裝）

1. 應用心理學

177　　85013537

原書名：言葉の心理作戰
原著作者：多湖輝 ©Akira Tago 1992
原出版者：株式會社ごま書房
版權仲介：宏儒企業有限公司

語言的內心玄機

ISBN 957-557-664-0

原著者／多　湖　輝
編譯者／楊　鴻　儒
發行人／蔡　森　明
出版者／大展出版社有限公司
社　址／台北市北投區（石牌）致遠一路二段12巷1號
電　話／(02) 8236031・8236033
傳　眞／(02) 8272069
郵政劃撥／0166955－1
登記證／局版臺業字第2171號
承印者／高星企業有限公司
裝　訂／日新裝訂所
排版者／千兵企業有限公司
電　話／(02) 8812643
初　版／1996年（民85年）12月
2　刷／1997年（民86年）2月

定　價／180元

大展好書 好書大展

大展好書 好書大展